UMADUMHOF EDLING

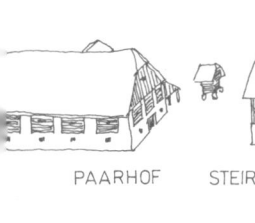

PAARHOF

STEIR. LASSNITZ

NORISCHES GEHÖFT
NACH OSKAR MOSER

JSEUM
Z

AUSSERTEUCHEN

HAKENHOF DIEX

NORISCHES GEHÖFT
KALCHBERG

PAARHOF
GLANTAL

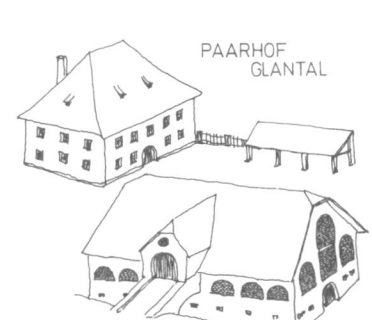

PAARHOF WESTSTEIRISCH.
HÜGELLAND

MEHRSEITER
GRAFENBACH

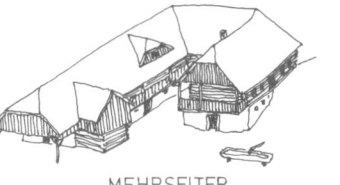

LÄNGSLAUBENHOF
HUMTSCHACH

EINHOF
HOMÖLISCH

HAUFENHOF
ZELL / PFARRE

HANS KREBITZ · ZURÜCK ZUM BAUERNHAUS

HANS KREBITZ

Zurück zum Bauernhaus

Bauernarchitektur in Österreichs Südalpen

Mit einer Zusammenfassung
in Englisch und Italienisch

UNIVERSITÄTSVERLAG CARINTHIA

Übersetzung ins Englische: Brigitte Kerbl
Übersetzung ins Italienische: Dr. Ingeborg Zengerer

Abb. 1 (auf Vorsatz- und Nachsatzpapier):
18 verschiedene Hoftypen sind in den Südalpen
Österreichs zu finden

ISBN 3-85378-241-8
© 1985 Universitätsverlag Carinthia, Klagenfurt
Zeichnungen: Hans Krebitz
Einband Dr. Ingeborg Zengerer
Gesamtherstellung: Graphischer Betrieb Carinthia, Klagenfurt

Zurück
zum Bauernhaus

In letzter Zeit mehrt sich die Kritik an den modernen Bauten und ihrer Bauweise. Neben der vielfach bemängelten harmonischen Gestaltung des Neubaues fehlt auch zumeist die Eingliederung in die Umgebung. Genannt werden nicht nur technische Fehlleistungen – hier sind es vor allem die hohen Heizkosten durch übergroße Fensterflächen –, sondern vor allem gesundheitliche Schäden durch moderne Baumaterialien. Dies geschieht oft in kleinem Kreis von Fachleuten und hinter vorgehaltener Hand, da vorwiegend riesige Industriekonzerne die Verursacher dieser Mängel sind.

Dem Bauen mit Kunststoff, Metall, aber auch vielen Beton- und Stahlbetonsystemen wird von medizinischer Seite der Kampf angesagt. Das Haus aus natürlichen Baustoffen – vor allem Holz und Ziegel – wird als durchwegs ideale „dritte Haut des Menschen"[*] angesehen. Musterbeispiele dafür sind unsere Bauernhäuser, die häufig 300, ja bis 400 Jahre diese dritte Haut für viele Generationen waren. Darauf wird besonders im Kapitel: „Die Zukunft des ländlichen Bauens" eingegangen werden.

Ein weiterer wesentlicher Hinweis wird uns von den Psychologen[**] gegeben, wenn festgestellt wird, daß das Fehlen von Tradition das Sinnlosigkeitsgefühl verstärkt und immer mehr Menschen davon befallen werden. So erkennt man erst in den letzten zwei, drei Jahrzehnten die Schönheit alter Bauernhäuser mit ihrem Reichtum der Formen.

Leider muß gesagt werden, daß viele der alten Bauernhäuser dem Verfall preisgegeben sind, und es werden von Monat zu Monat mehr. Wir sollten daran denken, daß gerade das alte Bauernhaus uns den Weg zeigen kann, wie gesundes, zweckmäßiges Bauen unter Berücksichtigung moderner Erkenntnisse zum Erfolg führt.

---

[*] Dr. med. Hubert Palm: „Die Hauskrankheiten des Menschen", Vortrag 15. Juni 1983, Wien.
[**] Prof. Viktor E. Frankl: „Das Leiden am sinnlosen Leben" 1977.

5

Einleitung

Die Zahl der in der Landwirtschaft Beschäftigten hat sich in Österreich seit 1934 von 1,250.000 auf 400.000 im Jahre 1980 gewaltig verringert, während die Produktion auf kleiner gewordenem land- und forstwirtschaftlichem Areal im Gegensatz dazu beträchtlich gesteigert wurde.

Es muß jedem verständlich sein, daß die Landwirtschaft nur durch einschneidende, teils gewaltsame Änderungen ihres jahrhundertealten Systems zu dieser Leistung fähig war.

An der Beschäftigtenzahl erkennt man deutlich, daß die Umstellung auf Familienbetriebe fast durchwegs vollzogen wurde. Mägde und Knechte gibt es praktisch nicht mehr.

Da andererseits die Produktionssteigerung nur durch den Einsatz moderner Technik möglich war, hätte die notwendige Änderung der Produktionsgebäude, also des Bauernhofes, tiefgreifender sein müssen, als es in Wirklichkeit der Fall war. Von diesem Gesichtspunkt aus gesehen, hat sich der Bauernhof weniger stark gewandelt, als es durch die neuen Produktionsverfahren erforderlich gewesen wäre. Trotzdem wurde sehr viel altes Kulturgut durch notwendig gewordene Um- oder Neubauten zerstört.

Dieses Buch soll demnach nicht nur ein Bildband sein, in dem der Formenreichtum der Bauernarchitektur südlich des österreichischen Alpenhauptkammes gezeigt wird, sondern es soll auch erklärt werden, warum und wie diese Bauformen in einer jahrhundertelangen Entwicklungsphase entstanden sind.

Nur so ist erkennbar, wo die alte Bautradition mit der modernen Bauweise nicht mehr Schritt hält; genauso werde ich aufzeigen, wo Altes unseren heutigen Bausystemen überlegen ist. Zum besseren Verständnis wird es manchmal notwendig sein, auch Vergleiche mit anderen Kulturen zu ziehen.

Wir sehen die abgebildeten Bauten zu jeder Jahreszeit; während der Blüte genauso wie im Schnee, bei Sonnenschein und trüben Tagen, wie es das tägliche Leben mit sich bringt. Die Bauten sind nicht nur für Sonnenschein gebaut, sondern gerade in unseren Breiten auch gegen Regen und Kälte.

Auf einigen Fotos wird man auch Bauten im Verfall sehen, als Aufforderung an jene, die helfen könnten, eine Kultur zu retten, die bei Fortschreiten des Verfalles in 100 Jahren nicht mehr oder nur noch in einigen musealen Beispielen zu sehen sein wird.

Der Landbevölkerung aber soll gezeigt werden, wie schön und einmalig auf der Welt unsere Bauten sind. Besonders die Jugend will, wenn sie einen Hof übernimmt, mit neuen Ideen vieles verbessern und umgestalten. Das ist nicht nur das gute Recht unserer Jugend, sondern auch lebenswichtig. Häufig wird dabei jedoch mit jugendlichem Schwung übers Ziel geschossen und manches zerstört, dem man in späteren Jahren nachtrauert.

Sicher sind immer Änderungen an Haus und Hof notwendig, oft sogar im großen Umfang, aber man sollte sich des unbezahlbaren Wertes bewußt werden, den Verfall oder Zerstörung unwiederbringlich machen. Ein altes Haus ist nicht selten wie ein wertvolles Gemälde.

Da finanzielle Mittel zur Erhaltung nicht immer vom Besitzer aufgebracht werden können, sollte ein kulturbewußtes Land in solchen Fällen eine sinnvolle Unterstützung vorsehen.

Nicht nur die Hochkulturen wie Gotik, Renaissance und Barock sind schützenswert. Viel mehr als durch diese „Kunstkulturen" wird das Gesicht unseres Landes von der ländlichen Baukultur geprägt. Nach meiner Schätzung sind allein in Kärnten derzeit noch 2500 Bauten, die das typische Bild unserer Landschaft beeinflussen. Wenn man bedenkt, daß die meisten Höfe aus mehreren solcher Bauten bestehen und manche der Höfe einen Teil bereits erneuert haben, ist diese Zahl nicht hoch.

Von diesen Bauten verfällt mehr als die Hälfte schon heute. Als ich Aufnahmen von einem mir bekannten Gebäude bei St. Martin am Silberberg machen wollte, mußte ich feststellen, daß das Dach eingebrochen war. Ähnlich erging es mir bei einem schönen Stadel in Tentschach, er war einige Tage vorher abgebrannt. In diesem Fall sagte mir der Besitzer, daß er ihn wiederaufbauen wolle.

Von den Bauten, die im Buch „Bauernhöfe im südöstlichen Kärnten" von Erika Hubatschek (1970) angeführt sind – es sind deren 57 aus den Jahren 1953–1962, sind etwa noch 15 Stück erhalten. Der Kärntner Heimatforscher Prof. Oskar Moser mußte in seinem Buch „Das Bauernhaus" aus dem Jahre 1974 von den 35 Fotos einen Großteil, nämlich 14 Abbildungen, aus der Zeit vor 1945 aufnehmen, weil die Bauten heute einfach nicht mehr in so typischer Art vorhanden sind. Die meisten seiner Fotos sind jedoch vor 1955 aufgenommen.

Schließlich noch einige Worte, wie es zu diesem Buch kam. Schon während meiner Kindheit war ich von den großen, breiten Stadeln um St. Veit an der Glan mit den wunderschönen Ziegelgittern beeindruckt. Nun, nach so vielen Jahren, habe ich sie gesucht und fotografiert. Leider habe ich festgestellt, daß durch Brand viele dieser Gebäude vernichtet wurden. Wenn ich im Hof stand und Aufnahmen machte, wurde ich manchmal erstaunt gefragt: „Ihnen gfallt das?"

Ich wußte auch von Hasso Hohmanns Buch „Giebellukn und Stadlgitter", das hauptsächlich steirische Beispiele, aber daneben auch solche aus Kärnten brachte. Mir schienen jene aus der Steiermark etwas überbewertet zu sein.

So war es, als ich Herrn und Frau Zechner besuchte, zwangsläufig, daß die Rede auf dieses Thema kam. Herr Gert Zechner animierte mich, nicht nur über Kärntner Ziegelgitter, sondern gleich umfangreicher über die Kärntner Bauernarchitektur zu schreiben. Einen Moment lang war ich überrascht. Ich, der gebürtige Kärntner, der in Wien als Architekt lebt, sollte mich dieser Aufgabe stellen?! Wenn man aber an Kärnten hängt wie ich, kann man von dieser Arbeit nur begeistert sein.

Prof. Moser – mein Lehrer in Villach – hat mit Sicherheit ein unschätzbares Wissen über die Bauern-

architektur in Kärnten und er hatte das Freilichtmuseum in Maria Saal mitbegründet. Wäre nicht er in hohem Maße – ja, ausschließlich – geeignet, dieses Thema zu behandeln?

Andererseits sollte dieses Buch nicht nur wissenschaftlich sein, sondern auch den Weg zeigen oder zumindest andeuten, den man einschlagen soll, um diese Bauernarchitektur lebendigzuhalten: die Aufgabe, ja, ein besonderer Auftrag für einen Architekten! Noch etwas war für mich – ich muß sagen eigennützig – mitentscheidend: Ich konnte von dieser Arbeit nur lernen. Diese Vielfalt der Gestaltung, die feinfühlige Einordnung in die Landschaft, die hohe Baukultur dieser volkstümlichen Architektur bereicherten mein Wissen um vieles.

Sehr bald wurde der eng gesteckte Bereich erweitert, hält sich doch die Kultur nicht an die Landesgrenzen. Dieses Verbindende gab letztlich den Ausschlag, die herrlichen Bauten Osttirols und aus Teilen der Steiermark mit in dieses Buch aufzunehmen. Ja, ich habe es sogar als notwendig empfunden, unseren Bereich auch über die Grenze nach Jugoslawien und Italien auszudehnen.

Das vorliegende Buch ist vor allem für die Bewohner südlich des Alpenhauptkammes geschrieben, für jene vom Land genauso wie für die in unseren Städten. Sollte der eine oder andere unter den Lesern außerhalb Osttirols, Kärntens oder der Steiermark beheimatet sein, so will ich ihm schon an dieser Stelle für das Interesse danken, welches er unserer Kultur entgegenbringt.

Für alle aber habe ich mich bemüht, den Themenkreis lebendig und nicht zu trocken zu behandeln. Daß dabei manche wissenschaftliche Bereiche etwas freier beschrieben wurden, möge man mir als Nichtwissenschaftler verzeihen. Der Zukunft des ländlichen Bauens wurde ein eigenes Kapitel gewidmet. Schließlich sind im eigenen Sachwörterverzeichnis wichtige Ausdrücke im Zusammenhang mit dem Bauernhof enthalten, wobei besonders die Mundart berücksichtigt wurde. Zur leichteren Orientierung für die Nichtkärntner habe ich die hier übliche Einteilung in Ober- und Unterkärnten verlassen und die Gliederung in Ost-, Mittel- und Westkärnten vorgenommen. 7

Die Grenzlinie zwischen Ost- und Mittelkärnten verläuft etwa in der Geraden Feldkirchen–Velden, jene zwischen Mittel- und Westkärnten von Gmünd nach Hermagor.

Die in diesem Buch enthaltenen Fotos sind in der Zeit von 1979 bis 1983 aufgenommen worden, mit Ausnahme jener aus den Freilichtmuseen in Stübing und Maria Saal.

Viele interessante Fotos konnte ich leider nicht in den Band aufnehmen, es hätte vor allem den finanziellen Rahmen gesprengt.

So bleibt mir noch übrig, Dank zu sagen:

Herrn Dieter Reisinger für seine Bemühungen um das Zustandekommen dieses Buches;

Herrn Prof. DDr. Oskar Moser, meinem Lehrer;

dem verstorbenen Herrn Prof. Dr. Franz Pichler, der uns Schülern in Villach immer und aufopfernd versucht hat, die Bauweise unserer Heimat verständlich zu machen und nahezubringen, wenngleich wir ihn vielfach gefürchtet, aber auch belächelt haben;

Herrn Dr. Karl Eisner vom Freilichtmuseum in Maria Saal;

den Freilichtmuseen in Stübing und Maria Saal für die Hilfestellung und die Bereitstellung der Fotos (Abb. 16 und 106 aus Stübing; Abb. 100, 101, 103, 104 und 105 aus Maria Saal);

Frau Brigitte Kerbl für die Übersetzung ins Englische und Frau Dr. Ingeborg Zengerer für jene ins Italienische.

Obwohl ich weiß, daß meiner Frau Käthe ein öffentliches „Dankeschön" gar nicht recht ist, möchte ich es ihr doch sagen. Sie hat mich bei allen Fotofahrten und -wanderungen hilfreich begleitet und in gleicher Weise bei der Sichtung und Beschreibung des Materials geholfen.

Mein schönster Erfolg wäre jedoch, wenn durch dieses Buch ein Bauernhaus oder ein Stadel nicht verfallen würde.

Architektur

Die ländliche Bauweise wollte nie Architektur im heutigen Sinne von Kunst sein.* Ihr sind jedoch wesentliche Merkmale moderner Architektur eigen und trotz ihrer Tradition dem modernen Architekturdenken näher, als man zu glauben bereit ist.

Die Gebäude wurden rein aus der Funktion heraus entwickelt, allerdings von Funktionen in zweierlei Hinsicht: Jener der erforderlichen Räume und jener der möglichen Bautechnik, wobei immer wieder und immer neu zu entscheiden war, welchen Funktionen man den Vorrang zu geben hatte.

So war in Mittel- und Ostkärnten und der südlichen Steiermark sowie in Slowenien reichlich Stroh vorhanden, das Strohdach mußte steil sein und deshalb waren die Bauten zwangsläufig schmäler als in Westkärnten und Osttirol, wo die Lärchenschindeln ein breites Dach ermöglichten.

Um sich Arbeitswege zu ersparen (räumliche Funktion), mußten im Osten Wohnhaus, Stadel und Schuppen eng zueinander gestellt werden, beim Ringhof des Nockgebietes sind Stadel und Schuppen um einen Viehhof gebaut, beim sogenannten norischen Gehöft sind Wohnhaus, Stadel und Schuppen um einen kleinsten Hof gruppiert, manchmal so eng, daß vom Hof nichts mehr übrig blieb als ein Grabendach, worin sich der Schnee sammelte und technisch nie zufriedenstellend ausgeführt werden konnte. Anders dagegen beim breiten alpinen Flachdach Westkärntens und Osttirols, wo die Funktionen Wohnen, Viehhaltung, Futterhaus und Speicher oft unter einem breiten Dach Platz hatten. Die Entwicklung, das Wohnhaus und den Stadel zu trennen, ist in weiterer Folge feststellbar, wobei verschiedene Gründe dafür maßgeblich waren.

Auch die moderne Architektur hat aus der Funktion heraus Ende des vergangenen Jahrhunderts ihre Erneuerung begonnen, und auch hier wurden Vor- und Nachteile abgewogen, wieweit die nunmehr gegenüber früheren Jahrhunderten verbesserte Bautechnik die an sie gestellten funktionellen Forderungen wirtschaftlich bewältigen kann. Gerade durch die Anpassung der Räume an deren Funktionen entstanden oft die eigenwillig erscheinenden Formen unserer modernen Architektur.

Hatte sich die Erneuerung der Modernen aus der Funktion heraus entwickelt, war die Forderung nach der Einheit der Materialien oder zumindest auf eine Begrenzung ihrer Anzahl uralt und fester Bestandteil jeglicher Architektur.

Im Gegensatz dazu stehen viele unserer heutigen Bauten, wo die verschiedensten Materialien gemischt verwendet wurden und noch werden, und dies in immer stärkerem Maße, da die Bauindustrie von Baustoffen verschiedenster Herkunft geradezu überflutet wird. Auch technisch wird dadurch ein Problem akut, da unterschiedliche Materialien in Härte, Haltbarkeit, Ausdehnung bei Hitze, Schrumpfung bei Kälte usw. verschieden sind oder unterschiedlich reagieren und der Zusammenbau zweier solcher Teile im Laufe der Zeit zu Schäden am Bauwerk führen. Als altbekanntes Beispiel sei der eiserne Nagel im Holzbau erwähnt. Noch bis vor etwa drei Jahrzehnten lehnte der Zimmermann gerade diesen Nagel ab, denn er rostete mit der Zeit, konnte, wenn einmal ins Holz geschlagen, nicht mehr kontrolliert werden und gefährdete somit die gesamte Konstruktion.

Geradezu der Holzbau war bei uns zu einer Einheit geworden, wie wir sie heute bei keinem Bau mehr finden: Die Wände waren aus Holz, der Dachstuhl, die Schindeln, die Nägel der Schindeln, die Nägel aller Zimmermannsarbeiten, der Fußboden ebenso wie die Türen und Fenster, der Tür- und Fensterriegel, die Dachrinne, der Dachrinnenhaken, ja sogar der Kamin, dann kam der Tisch, die Bank. Der Bettrahmen mit Latten sah wie eine Harfe aus und wurde Harpfe genannt; die Schüssel, der Löffel. Vorm Haus war der Brunnen aus Holz, die Zuleitung für das Wasser genauso wie der Zaun, die Egge, der Rechen im Schup-

9

pen, der Wagen und die Räder. Lediglich der Herd war gemauert und die Fundamente. Diese nie mehr erreichte Einheit des Materials gibt nicht nur der alpinen Bauernarchitektur ihren Reiz, wir sehen sie in den Karpaten genauso wie in Skandinavien und Rußland oder gar in den Wäldern des Amazonas und der Südsee.

Hand in Hand mit der Funktion und den zur Verfügung stehenden Baumaterialien wurde das Gebäude gestaltet, und in ihrer Ursprünglichkeit und Sparsamkeit entstand daraus die Form fast von selbst. Das Fenster war klein und saß dort, wo Licht und Luft für den Raum gebraucht wurde. Daher sind diese Bauten nicht symmetrisch oder nur in den seltensten Fällen, wo die Funktion eine tatsächliche symmetrische Anordnung verlangte. Auch hier ist der Vergleich mit den Anfängen moderner Architektur erlaubt. Da wie dort war Symmetrie nicht üblich, die Abkehr von Renaissance und Barock war vollständig.

Gerade das 17. Jahrhundert und mit ihm die Renaissance brachte gewaltige Veränderungen in der Geisteshaltung der Menschen und weckte das immer vorhandene Schönheitsideal der Symmetrie zu neuem Dasein. Die meisten Bauten wurden ihr zuliebe symmetrisch und damit in eine Form, fast möchte man sagen Korsett, gepreßt.

Intuitiv wurden die Bauernhöfe – und das sicher seit eh und je – in einigen Bauteilen symmetrisch gegliedert, vor allem beim Dachgiebel, seltener in der Aufteilung der Fenster. Diese Einstellung setzte sich immer mehr durch und war in der Bevölkerung so verankert, daß ich nicht nur einmal bei einem neuen Haus verwundert gefragt wurde: „Ja, das ist doch nicht symmetrisch!" Die vielfach in diesem Sinn gebauten Häuser weisen eine wie ich sage „lebendige Symmetrie" auf. So wie unser Gesicht zwar symmetrisch ist, die linke und rechte Seite jedoch oft be-

trächtlich voneinander abweichen, ist es auch bei unseren Häusern: Der Kamin sitzt nicht in der Mitte, eine Fensterreihe mußte um eine Spur verschoben werden, oder der Sockel ist schräg dem Geländeverlauf angepaßt.

Diese Spätentwicklung des symmetrischen Bauens können wir auch in der modernen Architektur ablesen, wo besonders zwischen 1955 und 1960 viele bekannte Architekturbeispiele spiegelbildlich entstanden sind.

Aber das Pendel schlägt wieder in die Gegenrichtung oder, genauer, in eine andere. Der Mensch ist in der funktionsbetonten, nüchternen Architektur von heute nicht sehr glücklich. Er befindet sich im Zwiespalt: Einerseits will er das Neue, andererseits ist er überfordert, ständig mit Neuem konfrontiert zu werden, und möchte Vertrautes um sich sehen. So gibt es in jüngster Zeit Beispiele, wo alte Formvorstellungen und Formsprachen abgewandelt wieder verwendet werden.

Hier schließt sich der Kreis. Die ländliche Architektur ist uns vertraut, es gibt eine Unzahl von Bezugspunkten für das moderne Bauen. In den ländlichen Bauten finden wir Heiterkeit, Geborgenheit und Ruhe. Dies sind so wesentliche Faktoren ländlicher Kultur, daß darin die Wurzeln einer Erneuerung unserer heutigen Lebenseinstellung mit ihrem Materialismus und der Hektik liegen.

So ist es nicht übertrieben, wenn man feststellt, daß das ländliche Bauen nicht nur für den Hausforscher, sondern in noch größerem Maß für die Entwicklung der modernen Architektur wesentlich ist.

---

* Dazu muß man wissen, daß das Wort Kunst ein relativ neuer Begriff ist. Dürer oder Michelangelo wurden zu ihrer Zeit noch nicht als Künstler bezeichnet.

Tradition

Die Suche nach der Tradition hat begonnen. Wir bemerken immer mehr, daß der Mensch das Alte zu schätzen beginnt, daß er alte Gebäude kauft und ausbaut oder neue Bauten mit alten Einrichtungen ausstattet.

Warum wollen so viele eine Bauernstube ihr eigen nennen, obwohl es unpraktisch ist, wenn man aus dem hintersten Winkel der Eckbank regelrecht herausklettern muß? Oder hat es seinen tieferen Grund, wenn die moderne Form des Tisches mit freistehenden Stühlen nicht voll entspricht, obwohl jeder bequem seinen Platz einnehmen kann und die Tischaufstellung offensichtlich gut funktioniert? Ist das nicht geradezu eine Absage an die Funktion?

Nachdem die moderne Architektur vor allem darin ihre tiefe Wurzel hatte, das Haus so zu planen und zu bauen, daß die Funktion Form und Gestalt des Hauses bestimmte, stößt dieses glatte Funktionieren bei den Menschen unserer Tage, bei den Benützern der Häuser, auf Ablehnung. Einige Architekten haben daraus die Erkenntnis gezogen. Sie verwenden traditionelle Formen und Baustoffe. So wurden zum Beispiel in Los Angeles die Reste der alten Stadt auf teuerstem Grund renoviert, Verfallenes wieder aufgebaut, um zwischen den spiegelnden Fassaden der umgebenden Hochhäuser einen Hauch amerikanisch-spanischer Pionierzeit im lärmenden Alltag der Fünf-Millionen-Stadt zu spüren.

Der weltberühmte Wiener Psychologe Viktor E. Frankl hat sich zeit seines Lebens mit der Frage nach dem Sinn des Lebens beschäftigt und kam zu dem Schluß, daß das Fehlen der Tradition, wie wir es heute in vielen Bereichen feststellen müssen, das Gefühl der Sinnlosigkeit im Menschen erzeugt. Wenn für einen Menschen das Leben sinnlos wurde, so ist er seiner inneren Triebfeder beraubt. Frankl wies auch nach, daß besonders viele junge Leute diesem Sinnlosigkeitsgefühl ausgeliefert sind und deren Zahl im Steigen begriffen ist, man könnte sagen: entsprechend dem zunehmenden Verlust der Tradition.

Kehren wir zurück zu unserem Bauerntisch: Er ist unbequem und gleichzeitig das, was wir als gemütlich – dem Gemüt entsprechend – bezeichnen. Gibt es einen größeren Widerspruch?! Wie kommt es dazu?

Tier und Mensch haben ein natürliches Schutzbedürfnis. Dieser Instinkt veranlaßt uns auch heute noch, den Rücken zu decken, also an der Wand zu sitzen. Dies geht so weit, daß an unserem Tisch bei einer Zusammenkunft von drei oder vier Personen nicht selten alle auf der Eckbank Platz nehmen und die Stühle leer bleiben.

Nun sitzen diese Personen eigentlich recht eng beisammen, man streift zwangsläufig am Nachbarn an, es kommt zu Kontakten. Der Mensch spürt in dieser Situation sehr deutlich die Gemeinschaft, in der er sich im großen und ganzen wohlfühlt, und bleibt darum bei der Eckbank.

All diese Überlegungen, diese in uns befindlichen Gefühle, wurden beim modernen, freistehenden Tisch aus Funktionsgründen abgelehnt. Dieses Beispiel ist eines der treffendsten, wenn über Tradition gesprochen wird, denn jeder von uns hat diese Situation erlebt.

Der aufmerksame Leser kann jetzt einwenden, daß es sich hier nicht um Tradition, sondern um Verhaltensformen beim Menschen handelt. Ich kann ihm hier insofern recht geben, daß der Ursprung vom menschlichen Verhalten bestimmt und die Form des Tisches und der Eckbank damals noch nicht entwickelt war. Die Erfahrung durch Generationen hat diese Art der Tischstellung im Raum herausgebildet und wurde somit zur Tradition. Andere Tischaufstellungen wurden versucht, hatten sich nicht bewährt und verschwanden wieder.

Der Mensch braucht Erfahrung vergangener Generationen, und ganz besonders benötigt er dies beim Haus. Das Gebaute muß sich ebenfalls bewähren. Ein Haus kann nicht nach wenigen Stunden oder Tagen beurteilt werden. Vorerst kann man nur sagen, ob es einem gefällt oder nicht, aber schon diese Meinung kann sich ändern. Man muß erst das Haus erleben, wie es im Winter ist, wie im Sommer, wie bei Regen oder Hitze, ob es für Kinder geeignet ist und für alte Leute bequem genug. Dazu bedarf es Jahre, wenn nicht Jahrzehnte. Es benötigt z. B. Generationen, um festzustellen, daß eine bestimmte Bauweise Rheumaerkrankungen fördert, eine andere Bauweise diese hemmt.

Jedenfalls ist es ein Unterschied, ob man traditionelle Erkenntnisse und somit auch Formen verwirft, oder ob man diese Tradition verbessert und abändert. Denn selbst gänzlich neue Formen, die auf der Basis der Tradition und aus ihr heraus entwickelt wurden, sind nie absolut fremd.

Die Kultur-
landschaft

Das Gebiet südlich des Alpenhauptkammes ist überaus abwechslungsreich. Im äußersten Westen steht das gewaltige Massiv des Großvenedigers mit riesigen Gletscherfeldern und den steilen Almen, während im Osten auf den Ausläufern der Koralpe am Rande des Grazer Beckens bereits der Wein wächst.

Die Einmaligkeit dieser Landschaft erkennt man erst im Vergleich mit anderen Ländern. Zwar scheint in manchen Gegenden der Rocky Mountains, Nepals, des Schwarzwaldes oder auch des Waldviertels kurz das Erinnerungsbild südostalpiner Täler oder Berge auf, ist jedoch im nächsten Moment wieder erloschen. Ein wesentlicher Eindruck fehlt: Die vertraute Bauweise. Es sind die Bauernhöfe, die den unverwechselbaren Charakter der Landschaft mitprägen. Der Eindruck der Hügel und Berge, Felder, Seen und schneebedeckten Gipfel wird mitbestimmt durch die Häuser, Dörfer und Kirchen, durch die Zäune und durch die von Obstbäumen gesäumten weithin sichtbaren Wege.

Eine Kulturlandschaft liegt vor uns; sie hat sich im Laufe der Zeit gewandelt, stark gewandelt. Was für uns heute vertraut aussieht, etwa die wunderschönen, auf der Welt praktisch einzig dastehenden Ziegelgitter der Stadel, war vor 150 Jahren in dieser Art unbekannt. Weite Landstriche, vor allem das Glantal und das Klagenfurter Becken sowie das Krappfeld und das obere Murtal, sind durch diese behäbig breiten Stadel unvergleichlich gekennzeichnet.

Dieser ständige Wandel ist für eine Kultur lebenswichtig und vollzieht sich heute in zu raschem Tempo. Dadurch wird unsere Kulturlandschaft gestört. Es ist schon etwas Wahres daran: Wenn man zum Beispiel vor 20, 30 Jahren Kärnten sah und mit heute vergleicht, so ist ein großer Unterschied festzustellen. Wo damals alte Bauernhäuser waren, steht heute ein neues Wohnhaus, der Stadel hat ein neues Dach oder wurde neu errichtet, da der alte abgebrannt war, Geräteschuppen wurden gewaltig vergrößert, um moderne Landwirtschaftsmaschinen einstellen zu können; eine Lichtleitung führt durch die Landschaft zum Bauernhof und wird als nicht gerade schön empfunden.

All dies gilt selbstverständlich auch für die Steiermark, während sich in Osttirol manches besser erhalten hat.

Wer will es der Landbevölkerung verargen, daß sie sich der neuen Technik bedient? Wer will andererseits nicht jene verstehen, die nicht nur der vertrauten, sondern auch schönen ländlichen Architektur nachtrauern?

Wir sehen die beiden Gegensätze, die scheinbar nicht zu vereinen sind – nur scheinbar!

Weltweit erkennen Forscher, ausgelöst durch die Energiekrise, daß die typischen Bauweisen ihren Sinn und zum Teil auch noch ihre Gültigkeit haben. Die Kühltürme in Persien sind schon seit Tausenden Jahren ein ebenso einfacher wie markanter Bauteil, um der Hitze zu entgehen; die grasbewachsenen Dächer Norwegens dienen der Temperaturregelung besser als komplizierte technische Einrichtungen und sind darüber hinaus kostenlos. Daß man in Holzbauten gesünder lebt als in Stein- oder gar Betonwänden, ist schon lange bekannt.

Die traditionelle Bauweise hat offensichtlich auch Vorzüge, die mit modernen Bausystemen nicht oder nur mit Energieaufwand und komplizierten Konstruktionen zu erreichen sind.

Auf den ersten Eindruck hin mag es scheinen, als wäre die alpine Bauernarchitektur Osttirols, Kärntens und der westlichen Steiermark einigermaßen ähnlich. Wer dieses Buch durchblättert, wird hingegen sofort die Vielfalt des Gebauten sehen und erkennen.

Wenn man von Osten kommt, sind die Häuser schmal, die Dächer auffallend steil. Wohn- und Wirtschaftsgebäude sind fast immer getrennt und oft durch kleinere Bauten wie Schuppen oder Speicher ergänzt.

Manchmal sehen wir alles unter einem Dach. Man spricht vom Einhof. Die Wände der Gebäude sind in einem ausgewogenen Verhältnis aus Stein und Holz errichtet. Dieser Charakter reicht teilweise bis ins Lavanttal.

Allmählich beginnt das Halbwalm- oder Schopfdach das Satteldach abzulösen.

Im Bereich des Obdacher Sattels begegnen uns unregelmäßige Hofformen. Diese sind oft um einen ganz kleinen Hof gebaut, der manchmal auch völlig verschwunden ist: der Umadumhof bzw. das norische Gehöft, wie Oskar Moser es nennt. Auf den Höfen der Saualpe, aber auch in jenen der Gurktaler Alpen findet man in bereits selten gewordenen Beispielen einen hakenförmigen Hof, wobei Wohn- und Wirtschaftsgebäude winkelförmig aneinandergebaut sind. Das Dach ist bereits flacher, so um 45 Grad geneigt, und hat sehr oft das breite Walmdach. Die Holzarchitektur ist vorherrschend, wenngleich die wenigen weißgekalkten Mauerteile und die weißen Fugen der Holzbauten einen besonderen Kontrast ergeben.

In den Niederungen des südlichen Lavanttales, besonders häufig jedoch im Klagenfurter Becken und im Glantal, begegnet uns das breite, zweigeschossige Wohnhaus mit dem großen, freistehenden Stadel. Während das Wohnhaus gemauert und geputzt ist und ein großes, ruhiges Walm- oder – wie man in Kärnten manchmal viel schöner sagt – Manteldach besitzt, welches mit Ziegeln gedeckt ist, ist der mächtige Stadel sehr oft mit den charakteristischen Ziegelgittern ausgestattet und im allgemeinen mit einem Halbwalmdach gedeckt.

Auf den umliegenden Höhen, wo Ziegel Mangelware gewesen sind, gibt es die gleichen mächtigen Baukörper. Doch der Wohnbau ist ein ebenso mächtiger hölzerner Blockbau unter schindelgedecktem Manteldach, der Stadel hat statt der Ziegelgitter eine luftige Holzverschalung. Zusätzlich sehen wir bei diesen Höfen die freistehenden hölzernen Speicher, Troadkästen genannt, da das wertvolle Speichergut

auf diese Art besser aufbewahrt war, während die gemauerten Gebäude in den Tallagen diese getrennte Speicherungen nicht notwendig hatten.

Ähnlich große Stadel mit Ziegelgittern sehen wir auch im Murtal und in Knittelfeld, doch überwiegt hier das steile Satteldach.

In den Karawankentälern ändert sich wieder das Bild. Die Höfe bestehen aus mehreren Einzelbauten, die klein und schmal sind. Es gibt dafür mehrere Gründe, der wohl wichtigste ist jener, daß hier hauptsächlich der Laubbaum wächst, der keine langen, geraden Hölzer hat und dadurch das breite Dach schwer durchführbar ist. Das ursprünglich vorhandene Strohdach ist schon seit langem vom Bretterdach abgelöst worden. Neben dem Wohnhaus gibt es ein bis zwei Ställe, mehrere Schuppen, manchmal den Troadkasten und erstmals die Hausharfe zum Trocknen der Mahd.

Weiter westlich waren es die langwüchsigen Fichten und Lärchen, die eine andere Baustruktur mitbestimmten.

Sie waren auch das vorherrschende Baumaterial im Nockgebiet, wo eine Kärntner Eigenheit anzutreffen ist: Zwei Stadel schließen einen Viehhof ein. Das getrennt stehende Wohnhaus hat ein Halbwalmdach, und der Troadkasten gehört hier stets zu jedem Hof.*

Noch ist die Dachneigung etwa 45 Grad steil. Weiter westlich wird sie immer flacher und ist machmal unter 30 Grad anzutreffen. Die Ursache sind die klobig-schweren Legschindeln, die durchs eigene Gewicht liegen bleiben sollen und erst in Osttirol zusätzlich mit Steinen gegen Abrutschen beschwert werden. Die Dächer sind flache Satteldächer geworden, da Halbwalm- oder Walmdächer bei dieser Neigung nicht mehr durchführbar sind. Das Holz wächst hier lang, daher sieht man breite, aus Holz gezimmerte Häuser.

Wenn man auch immer wieder Einhöfen begegnet, wo alles unter einem Dach vereint ist, so sind doch die Paarhöfe mit dem vom Wohnhaus getrennten Stadel in der Überzahl.

In Osttirol endlich sieht man den Versuch, diese beiden Gebäude durch einen gedeckten Gang zu verbinden. Gelegentlich werden sogar das Wohnhaus und das Wirtschaftsgebäude so eng nebeneinandergestellt, daß sich die beiden Dächer überschneiden und somit Schutz gegen Regen und Schnee bieten.

So vielfältig die Landschaft der südöstlichen Alpen ist, so variantenreich ist demnach auch die Bauweise ihrer Höfe. Die Formen wechseln fast von Tal zu Tal. Die Hausforschung hat allein für Kärnten 14 verschiedene Hoftypen gefunden, für unseren Bereich werden es etwa 18 Typen sein.

Wir haben eine Vielzahl von Haus- und Hofformen, wie es kaum ein zweites Mal auf so engem Raum festzustellen ist. Ein Grund ist wohl auch jener, daß sich in Kärnten die drei wichtigsten Kultur- und Sprachkreise Europas treffen und teilweise überschneiden: Der bajuwarisch-germanische, der slawische und der romanische. Dazu kam noch, daß die Bautechniken der Alpen sich mit jener des Hügel- und Flachlandes trafen, sich gegenseitig beeinflußten und sich zu den uns bekannten Bauformen entwickelt haben.

---

* Wie sehr die Forschung ein falsches Bild vermitteln kann – ohne es bewußt zu wollen –, zeigt das Beispiel des so berühmten Ringhofes im Nockgebiet und im Bereich der Millstätter Alpe. Man könnte nämlich der Ansicht sein, daß der Ringhof im genannten Gebiet vorherrscht, dies ist jedoch bei weitem nicht der Fall. Ich würde in diesem Fall nur 10 Prozent aller Höfe diesem Typ zuordnen. Wohl aber ist der den Ringhof kennzeichnende Viehhof (oder Misthof) bei den meisten anderen Höfen dieser Gegend anzutreffen. In diesem Fall steht das Wohnhaus hangseitig höher, so daß nun der gemauerte Halbkeller des Wohnhauses gemeinsam mit einem Blockstadl den Viehhof bildet, ohne daß der Wohnwert des Bauernhauses darunter wesentlich leidet, befinden sich doch die Wohnräume einen Stock überm Hof.

Der Bauernhof

Den Bauten im ländlichen Raum haftet noch vielfach eine gewisse Ursprünglichkeit an. Es wurden die Materialien der Umgebung, Holz oder Stein, verwendet, und sie sind von einfachen Menschen für einfache Zwecke errichtet worden. Daher wirken diese Bauten sehr unbekümmert und zeigen trotz ihres vertrauten Aussehens völlig überraschende Formen. Gerade daran erkennt man den geistig wendigen Bauern, hatte er doch durch Jahrhunderte hindurch fast alles selbst gebaut und hergestellt. Wer würde annehmen, daß in einem alten Bauernhaus nahezu tausend Geräte in Verwendung waren?*)

Erst allmählich setzten sich die Handwerker durch, hier vor allem die Zimmerleute und Dachdecker. Sie wanderten von Hof zu Hof und arbeiteten auf Stör. Wenn wir jedoch von vertrautem Aussehen sprechen, so wird uns bewußt, daß wesentliche Merkmale am Haus in einem Tal oder Gebiet immer wieder festzustellen sind. Es hat sich sehr augenfällig eine Tradition entwickelt. Eine Tradition entsteht jedoch nur, wenn gleiche Voraussetzungen und Ziele verfolgt werden, daß heißt in unserem Fall: es wurden die gleichen Baumaterialien verwendet, aus dem sehr einfachen Grund, weil es keine anderen gab, und der Bau mußte dem gleichen Zweck dienen.

Gehen wir zum Ursprung zurück, so stellt sich uns die so einfach erscheinende Frage: Zu welchem Zweck wurde das Haus errichtet? Die Antwort ist ebenso einfach: Als Schutz. Es mußte und muß gegen Regen und Kälte ebenso schützen wie gegen Hitze und, was uns heute fremd erscheint, auch gegen Tiere.

In seinen baulichen Anfängen schützte sich der Mensch zuerst selbst, aber sehr bald machte er die Erfahrung, daß er nicht nur sich zu schützen hatte, sondern auch seine Vorräte und Haustiere. Zum Bau verwendete er Holz aus den Wäldern der Umgebung und Stein. Erst viel später kamen Ziegel und sehr sparsam Glas und Eisen hinzu. Immer konnte ein solches Bauwerk von einem Ungelernten, mit den anfallenden Arbeiten jedoch Vertrauten durchgeführt werden, wenngleich in den letzten Jahrhunderten die Herstellung eines großen Dachstuhles der Hilfe des Zimmermannes bedurfte.

Kaum war nun das Gebäude errichtet und schützte also Mensch, Tier und Früchte, so mußte dieses Haus selbst geschützt werden vor Feuchtigkeit, Ungeziefer, Blitz und Feuer. So sehen wir die Steinwände weiß gekalkt, damit das Mauerwerk frei von Insekten blieb, oder es wurde verputzt. Die Fugen der Holzwände wurden mit Mörtel oder Lehm verschlossen und die Fugen oft geweißt. Geweißt wurden die Holzwände manchmal selbst, doch diese Methode war nicht sehr wirkungsvoll. Hier war das Schwärzen mit Feuer schon wesentlich besser. Das Holz wurde dadurch widerstandsfähiger. Wenn dazu die weißen Fugen kamen, so entstand ein optischer Reiz, der bereits überleitet vom zweckmäßigen Haus zum schönen. Erst spät wurde das Holz eingelassen, Fenster und Türen gestrichen. Das Bunte eroberte die ländliche Architektur.

Trotzdem waren diese Schutzmaßnahmen unvollständig. Aber auch hier fand man einen allerdings nur teilweise wirksamen Ausweg: Der Baum im Hof, meist eine Linde, in Hochlagen auch eine Lärche, gewährte nicht selten Schutz. Stand er zwischen den Gebäuden, so behinderte er den Funkenflug und das Übergreifen des Feuers. Schließlich wurde der geweihte Palmzweig hinter das Kruzifix gesteckt.

Anfänglich war wohl alles unter einem Dach: Menschen, Vorräte, Vieh und Geräte. Der Hausforscher spricht vom Einhof.

Doch die Familie wurde größer, und man machte darüber hinaus die Erfahrung, daß es Vorteile mit sich bringt, Wohnhaus und Stall zu trennen.

In manchen Gegenden ging die Trennung noch weiter: Wohnhaus und Stall werden durch verschiedene kleine Gebäude ergänzt, wie den Troadkasten

(Speicher), das Auszugshäuschen für die Alten, die Holzhütte, den Geräteschuppen usw., so daß eine Gebäudegruppe entstand. Sind nur Wohnung und Stall getrennt, nennt man ihn Paarhof, während die Gebäudegruppe als Gruppenhof bezeichnet wird.

Als Besonderheit gilt der im Nockgebiet anzutreffende Ringhof, wo mehrere Wirtschaftsgebäude, wie es schon der Name sagt, um einen Hof angeordnet wurden.

Wenn man vom Einhof absieht, ist das wichtigste Merkmal eines Hofes mit mehreren Gebäuden, daß jedes dieser Gebäude verschieden in Größe und Aussehen ist. Man erkennt auf den ersten Blick Stadel oder Wohnhaus.

Das scheinbar wichtigste, wenn auch nicht größte Gebäude ist und bleibt das Wohnhaus.** Es ist kleiner als der Stadel und wird in der Regel – mit Ausnahmen – von einem großen, durchgehenden Vorraum, der sogenannten Labn, in zwei ungleiche Hälften geteilt. Auf der einen Seite der Labn befinden sich die Rauchstube und eine Kammer, auf der anderen Seite deren zwei.

Labn stammt von Laube und war früher auch eine, wenngleich man sich schwer vorstellen kann, daß ein Vorraum, der mitten im Haus liegt, einst ein luftiger, gedeckter Platz war. Er war es wirklich. Gerade an dieser Labn können wir am besten verstehen, wie unser Haus entstanden ist. Anfänglich bestand es aus einem Raum mit einer Heizstelle und einem freien Blick ins offene Dach. Dieser Raum war annähernd quadratisch, da er aus gleich dicken und daher auch etwa gleich langen Holzstämmen zusammengefügt wurde. Wenn man schon gleich hohe Bäume fällen mußte, wurden auch die vier Wände gleich, und damit schließt sich der Kreis: Das Einraumhaus war ein quadratischer Bau. Der so entstandene Raum mußte alle Funktionen eines Hauses erfüllen, eine heute geradezu unvorstellbare Anforderung. Hier wurde geschlafen, gekocht, gearbeitet, gewaschen, ja sogar die Kleintiere wurden in dieser Stube gehalten. Der Ausgang führte direkt ins Freie und war daher dem Wetter ausgesetzt.

Wenn man weiter in Betracht zieht, daß das Licht nur durch kleine Lukn oder die offengelassene Tür den Raum tagsüber erhellte, so wird man verstehen, daß die Bewohner hier eine Verbesserung der Arbeitsbedingungen anstrebten. Die Lösung war recht einfach: Das Dach über der Eingangstür wurde wesentlich verlängert. Die Labn war entstanden. Später wurde sie auf die gesamte Hausbreite erweitert. So war ein geschützter Vorplatz entstanden, der es ermöglichte, einen Teil der Arbeit – vom Wetter einigermaßen geschützt – hier zu verrichten. Damit war auch die Eingangstür wettersicherer und konnte länger offengelassen werden. Dieses Verlängern beziehungsweise Abschleppen des Daches ist ein typisches Bauelement ländlicher Baugestaltung*** und wird auch heute noch häufig angewendet. Wie es so die Lebensgewohnheiten in einem Haus mit sich bringen, blieb die Labn nicht gänzlich offen. Zuerst wurde sie wohl an der Wetterseite geschlossen, dann ein Vorratsraum, ein Abstellraum, ein Kleintierstall oder auch einer für die Schweinehaltung eingebaut. So sehen wir es noch beim alten Längslaubenhaus Ostkärntens.

Es blieb nicht beim Hauptraum. Irgendwann wurde eine Kammer dazugebaut. Das ist gerade beim Holzbau schwieriger als es aussieht, war doch der ursprüngliche Raum ein fertig abgebundener, mit überstehenden Holzköpfen dastehender Blockbau. Ein haltbares Einbinden von neuen Blockwänden war unmöglich. So mußte die Kammer aus praktisch vier neuen Blockwänden getrennt vom Hauptraum errichtet werden. So entstand ein Anbau in der Verlängerung des Hauptraumes. Die zusätzliche Kammer getrennt auf der gegenüberliegenden Seite der Labn neu zu errichten, war wegen eines weiteren Abschleppens des Daches kaum möglich. Aber wie immer: Es gibt auch hier Ausnahmen. Bei steilem Gelände, dies war vor allem im Westen der Fall, konnte der Zubau auf der anderen Seite der Labn, allerdings mit tiefer liegendem Fußboden, aufgebaut werden. Dazu kam, daß die Dächer in diesen Gegenden bereits flacher, mit klobigen Legschindeln gedeckt, hergestellt wurden. Hier war also die Labn eingebaut, und das breite, mächtige Satteldach war durch die Abschleppung einseitig und unsymmetrisch, typisch für die alpine Bauweise.

Der bereits besprochene direkte Anbau an das be-

17

stehende Einraumhaus war arbeitsmäßig jedoch sehr aufwendig. Man benötigte zum Anbau nur drei Wände, mußte aber eine unnötige vierte mitbauen, um die Hölzer der Wand technisch miteinander verbinden zu können. Man fand einen Ausweg und gab den drei neuen Blockwänden dadurch Halt, daß sie in senkrechte, stehende Hölzer eingebunden wurden. Diese Funktionen könnten auch Mauerteile übernehmen, ja es war sicher häufig, daß die Kammer gleich auf Steinen errichtet wurde. Damit entstand auch hier fast zwangsläufig die so typische Gestalt einer Holz-Mauer-Architektur.

Anders war die Situation, wenn das Haus neu aufgestellt wurde. Dann ermöglichte es die übliche Holzlänge ohne weiteres, zwei Räume mit durchlaufenden Bäumen in einem zu errichten. Aber auch hier spielen wieder Ausnahmen mit: In Südostkärnten mit den damals vorherrschenden Mischwäldern waren Fichten und Lärchen nicht so stark vertreten, und die Laubhölzer sind nicht von so langem, geradem Wuchs. Dieses ist mit ein Grund, daß in diesen Gegenden die Gebäude kleingliedriger sind, als wir ihnen im Westen Kärntens begegnen.

Nun, die Holzlänge dieser Wälder machte die Aneinanderreihung von mehr als zwei Räumen an einer Seite schwierig, es sei denn, man verwendete Stein oder verband Holz und Stein. Wir sehen es bei der baulichen Entwicklung des Längslaubenhauses im Osten Kärntens. Das dort übliche Strohdach begünstigte diesen Haustyp, der die Labn entlang einer Längsseite hatte. Das notwendigerweise steile Dach aus Stroh konnte nur über schmalen Gebäuden errichtet werden. Hier spielte also wieder der Mischwald hinein, sicher auch die noch nicht erforschten Wesenszüge der Bewohner jener Gegend.

Sobald jedoch der Nadelwald vorherrschte, wie im Saualpengebiet oder im Gurktal, konnte der Dachstuhl trotz der Stohbedeckung breit ausgeführt werden und ermöglichte es nun hier wie auch in den Landesteilen weiter westlich, daß eine Erweiterung auf drei oder vier Räume nunmehr beidseitig der Labn erfolgte. Die breit dastehenden Häuser, je nach der Gegend mit einem mächtigen Stroh- oder Legschindeldach, waren entstanden und prägen noch heute das Gesicht mancher Täler oder besser gesagt mancher Höhen, besonders seit die Zimmerleute auf dem Bau erschienen.

In den frühesten Beispielen war die Stube gegen das Dach hin offen. Der Rauch zog in den Dachraum ab, trocknete, schwärzte und konservierte dabei das Holzdach, das Stroh oder die Schindeln und zog durch die Rauchlukn, aber auch am Saum der Traufe ins Freie. So wird man auch verstehen, daß bei Stadeln keine Rauchlukn gebaut wurden.

Mit der Einbeziehung der Labn ins Haus wurde der Ofen von diesem neu entstandenen Vorraum aus beheizt. Während Stube und Kammer gegen den Dachraum hin durch eine zusätzliche Balkendecke geschlossen wurden, blieb die Labn lange Zeit gegen den Dachraum hin offen. Der so entstandene Dachboden diente als Abstellraum, in den seltensten Fällen wurde er ausgebaut. In Mittel- und Ostkärnten erweiterte man das Haus meist ebenerdig, während man beim breiten Haus Westkärntens den günstigeren Ausbau des Dachraumes vorzog.

Durch die Umwandlung der Laube in einen Vorraum fehlte der so notwendige, unter dem Dach befindliche, aber sonst offene, luftige Freiraum vor dem Haus. Die Bewohner hatten sich daran gewöhnt. Gewisse Arbeiten verrichtete man im Freien besser, wenn man nur vom Regen geschützt war. So entstand neben der Laube noch der Balkon oder „Gang", der nun diese ehemaligen Funktionen der Laube übernahm. Hier wurde und wird noch heute die Wäsche getrocknet, und der geschützte Bereich unterm Balkon dient auch da und dort zur Lagerung des geschnittenen und gehackten Holzes, das somit vor der Wand in seiner geschichteten Form einen zusätzlichen Wärmeschutz bildet und zum Verbrauch nahe der Feuerstelle war.

Noch sprachen wir nicht vom Stall.

Wie wir bereits gelesen haben, wurden Kleintiere, ja selbst Schweine im Bereich des Einraumhauses untergebracht. Der Besitz von Rindern oder gar Pferden war selten und kam sicher erst in unserer Gegend in einer Zeit vor, als das Haus die ursprüngliche Bauphase mit Raum und Labn längst überwunden hatte.

Für die damals vorherrschenden Schafe genügte

wohl meist ein etwas geschützter Unterstand, sei es nun beim Haus, vielleicht sogar darunter, oder aber gänzlich abseits.

Als die Viehhaltung immer mehr an Bedeutung gewann, mußte auch für deren Unterbringung gesorgt werden.

Zwei gegeneinander gerichtete Grundstellungen zum Aufstellungsort des Stalles sind hier maßgeblich für die unterschiedlichen Formen unserer Höfe geworden: Es war eine Arbeitserleichterung, wenn das Vieh unmittelbar beim Haus untergebracht war. Der kurze Weg, der wettergeschützte Zugang, die Nahverbindung zur Stube waren gewichtige Argumente. So sehen wir im Osten wie im Westen manchmal noch Haus und Stall in einem.

Die Viehhaltung brachte eine Belästigung, vor allem was die Sauberkeit anlangte, mit sich. Dazu kam die erhöhte Gefahr des offenen Feuers im Haus. Ebenso gewichtige Argumente also, den Stall frei vom Haus aufzustellen. Der Paarhof war entstanden. Wir finden ihn in Osttirol, im Lesachtal wie im Mur-, Gurk- oder Lavanttal und im Klagenfurter Becken verschieden in seinem Aussehen, aber nach demselben Prinzip gebaut.

Aber wie so oft versucht man, da und dort eine Zwischenlösung zu finden. Vielleicht wird man überrascht fragen: „Gibt es da noch eine dritte Möglichkeit, Haus und Stall aufzustellen?“

Im Jauntal, aber auch im unteren Lavanttal wurden Wohnteil und Stall ums Eck, also hakenförmig, aneinandergebaut. Das Gebäude war schmal und lang, so daß am dem Wohnteil entferntest liegenden Ende der Stall, dazwischen noch verschiedene Räume lagen. Wenn nun Feuer ausbrach, war es vom Stall relativ weit entfernt. Die Verbindung zwischen Stube und Stall führte schräg über den Hof, war aber trotzdem kurz. Nur bei schlechtem Wetter nützte man den Schutz des Dachvorsprunges, wobei man allerdings die Hofecke ausgehen mußte. Selten war auch eine Verbindung innerhalb des Hauses vorhanden.

Wurde das Haus nochmals abgewinkelt, also U-förmig errichtet, so haben wir das in einigen sehr unterschiedlichen Beispielen vorhandene norische Gehöft.

Der innen liegende Hof war sehr eng, die Dächer stießen fast aneinander. Ja manchmal wurde auch dieser ohnehin kleine Hof verbaut und verschwand gänzlich. So konnte es dann vorkommen, daß Haus und Stadel völlig aneinanderstießen, wobei je ein eigenes Dach aufgesetzt wurde. An der Trennwand bildeten die beiden Dächer einen Graben. Dieser Graben war gegen Regen und Tauwasser nur sehr schlecht abgedichtet und feucht. Da die beiden Dächer voneinander konstruktiv getrennt waren, war somit ein gewisser, wenn auch nur geringer Schutz gegen das Übergreifen eines möglichen Feuers gegeben, wobei der meist feuchte Graben und die gemauerte, starke Trennwand mit dazu beitragen sollten. Aber auch in Westkärnten und Osttirol gibt es Beispiele, wo Haus und Stadel so eng nebeneinanderstehen, daß sich die vorspringenden Dächer fast berühren und so eine Trennung und doch geschützte Verbindung besteht. Manchmal diente auch ein offener Schuppen als Verbindungsglied zwischen Haus und Stall (siehe Abb. 137, 138, 139).

Im Gegensatz zu Ländern, wo immer grünes Futter vorhanden ist, müssen unsere Bauern Futtervorräte über den Winter aufbewahren.

Ursprünglich blieb das Vieh im Freien, während das Heu geschützt werden mußte. Daß das Vieh im Bereich dieser Heuhütten vor allem im Winter Schutz suchte, ist verständlich. Häufig bot sich gerade bei Heuhütten ein solcher Unterstand von selbst an. Die hölzerne Hütte wurde nicht auf dem Boden, sondern auf Steinen errichtet, wobei durch das unebene Gelände nicht selten eine Seite oder Ecke der Hütte als Unterstand offenblieb. So erwies es sich als günstig, unter der Heuhütte einen vorerst offenen, später geschlossenen Bereich oder Raum zu bauen. Der typische Stadel war entstanden: unten meist gemauert zur Unterbringung des Viehs, oben luftig aus Holz oder Ziegelgittern, damit Heu und Stroh trocken blieben.

Die häufig vorhandene Hanglage des Hofes wurde sehr geschickt ausgenützt, um das obere Geschoß auch befahren und die Ernte einbringen zu können. So finden wir die charakteristische Tennbrücke, die nicht selten mit einem eigenen Dach versehen wurde, um den Erntewagen vor dem Entladen von den ge-

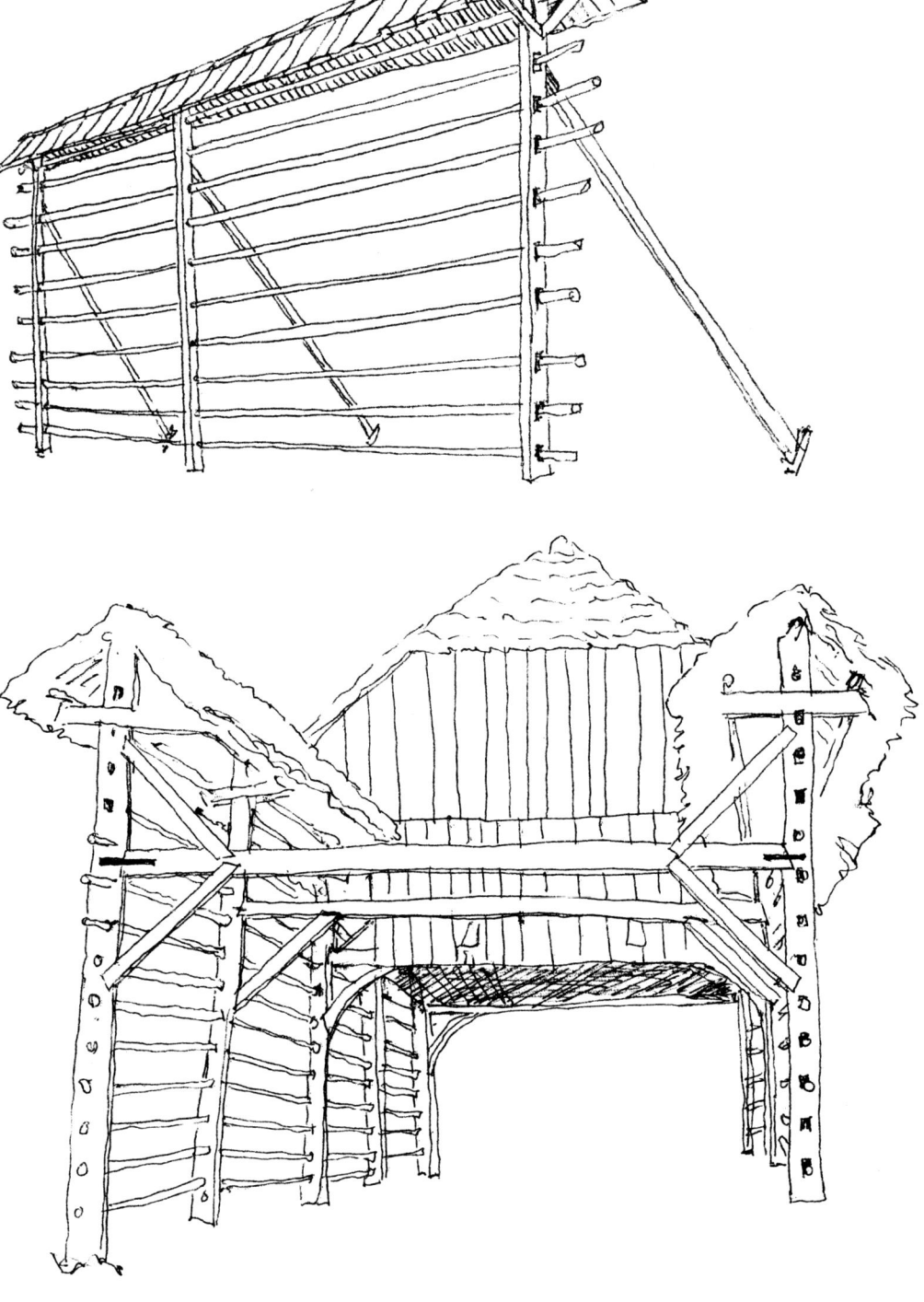

20

rade zur Erntezeit häufigen Gewittern in Sicherheit zu bringen.

Die in diesem Obergeschoß früher untergebrachte Tenne hat diese Funktion weitgehend verloren, da nun auf dem Feld direkt gedroschen wird.

Die steilen Hanglagen und die flache Dachform in Osttirol und Westkärnten brachten es mit sich, daß der Stadel quer zum Hang gestellt wurde, wobei die Hofeinfahrt an der schmäleren Giebelseite erfolgte. Nicht so im übrigen Kärnten, wo der Stadel längs zum Hang hingestellt wurde. Die Tennbrücke bildete eine Quereinfahrt, und auch das Brückendach wurde quer in das in diesen Gegenden bereits steile Stadeldach eingebunden, während dies beim flachen Dach konstruktiv sehr schwierig wäre. In Berggebieten ist der Stadel nicht selten dreigeschossig, wobei sich die Tenne überm Bansen zum Futterschneiden befindet und über eine Hofeinfahrt zu befahren ist.

Bei besonders großen Stadeln gibt es auch zwei Tennbrücken, so daß man mit dem Wagen durch den Stadel wieder hinausfahren konnte.

Mit der Intensivierung der Viehhaltung wurden auch die Stadel größer, so daß sie zum mächtigsten Gebäude oder Gebäudeteil des Hofes wurden. Besonders eindrucksvoll ist der Blockstadel Mittelkärntens, der um einen Viehhof errichtet wurde und dem Ringhof seinen Namen gab. Er wurde vor etwa 300 bis 400 Jahren entwickelt und ist eine nur im Nockgebiet Kärntens vorkommende Art. Den Ringhof als den Kärntner Bauernhof zu bezeichnen, wäre jedoch grundfalsch. Er entstand aus dem Bestreben heraus, eine möglichst umfangreiche Viehhaltung arbeitssparend zu bewältigen, und dies in einer holzreichen und häufig steilen Gegend.

Waren die Anforderungen an den Hof anders, so entwickelten sich bei uns oft sehr unterschiedliche Hofformen. Aus ihrer Vielfalt erkennen wir, daß es unsere Vorfahren immer wieder verstanden haben, sich den Gegebenheiten geschickt anzupassen.

Mit Stube, Kammer, Arbeitsraum, Stadel war ein Bauernhof noch lange nicht vollständig. Wertvolle Vorräte mußten sicher aufbewahrt werden. Sie wurden ursprünglich wohl im Haus gelagert. Nicht nur einmal vernichtete das Feuer das gesamte Speichergut, und so ging man dazu über, den Speicher in der Form eines eigenen kleinen Gebäudes aufzustellen, den man auch als Troadkasten bezeichnet. Er stand in feuersicherer Entfernung vom Haus. In ihm wurden das Getreide und anderes wertvolles Speichergut gelagert. Umlaufend wurde außen der Mausbaum oder das Mausbrett nach unten vorstehend eingezimmert, um den Mäusen den Zugang zu verwehren. „Überall sind die Kästen – ihrer Bedeutung als „Schatzkammer" entsprechend – sehr sorgfältig gearbeitet und oft verziert."****

Wurde das Wohnhaus zu klein, so zogen meist die alten Bauersleute in ein eigenes Wohngebäude, das sogenannte Auszugshaus oder die Ausnahme. Den Bedürfnissen entsprechend war es klein. Aber das System des Labnhauses blieb bestehen. Manchmal war ein kleiner Stall unter demselben Dach, wenn sich Alte und Junge nicht ganz verstanden oder wenn die Alten unbedingt ein Stück Vieh selbst betreuen wollten und dafür den gemeinsamen Stall ablehnten.

Geräteschuppen, Holzschuppen oder Mühle, eine Bienenhütte, Harfen oder Heuhütten, schon abseits in den Wiesen stehend, ergänzten die Baulichkeiten des Hofes. Oft aber wurde für die Unterbringung der Geräte das vorspringende Dach des Stadels verwendet oder an der Giebelseite ein Dach angelehnt und so zusätzlich Raum geschaffen.

Ein wesentliches architektonisches Element inner-

Abb. 4: Heuharfe bei Weißbriach, Westkärnten
Ein Dach als Regenschutz ist aufgesetzt worden. Besonders in windreichen Gegenden ist dieses schmale Dach nicht sehr wirkungsvoll. Ein schönes Beispiel der Holzarchitektur (siehe auch Abb. 2).

Abb. 6: Heuhütte, Katinmähder, Virgental, Osttirol
Zur sicheren Aufbewahrung des Heues, welches in dieser Gegend auf den steilen Südhängen am Boden liegend getrocknet wird, wurde dieser Blockbau mit dem seltenen Pultdach errichtet. Die beiden Steher, welche die Tür begrenzen, geben den liegenden Holzstämmen Halt; diese sind in die Steher eingezapft.

Abb. 5: Heuharfen in Kals, Osttirol
Sie dienen zum Trocknen der frischen Mahd, sind allerdings gegen Regen noch nicht geschützt. Ganz einfach sind die im Osten verwendeten Heuhiefel (siehe Abb. 113).

Abb. 7: Hausförmige Harfe in Hauzendorf, oberes Drautal, Westkärnten
Das breite Dach gibt einen besseren Regenschutz als jenes unter Abb. 4. Zusätzlich können Erntegeräte eingestellt werden. Zur Überwinterung des Heues haben sich geschlossene Bauten besser geeignet. An diesem Beispiel sieht man sehr schön, wie dieses luftige Bauwerk nachträglich im unteren Bereich geschlossen und durch einen hölzernen Zubau an der rückwärtigen Seite erweitert wurde (vgl. auch Abb. 20).

Abb. 4

Abb. 5

Abb. 7

Abb. 6

22

Abb. 8

Abb. 9

Abb. 10

Abb. 11

Abb. 9: Feldscheune, Maria Luggau, Lesachtal, Westkärnten
Die Trockenharfe und die Heuriege sind zu einem Baukörper vereinigt worden. Durch die Hanglage entsteht unter der Scheune ein gedeckter Bereich, der ursprünglich auch dem Vieh als Unterstand dienen konnte und noch nicht gänzlich geschlossen wurde wie auf Abb. 8.

Abb. 8: Feldscheune, Liesing, Lesachtal, Westkärnten
Der untere Bereich wurde durch eine Steinmauer geschlossen, und es entstand ein Raum, der auch als Stall genützt werden kann.

Abb. 10: Stadel, Drasendorf am Längsee, Ostkärnten
Ein gänzlich anderer Baucharakter als die vorangegangenen Beispiele, jedoch ein nach demselben Prinzip errichtetes Wirtschaftsgebäude. Die notwendige Belüftung des Heues erfolgt durch Ziegelgitter. Die Tennbrücke ist bereits unter einem Dach.

Abb. 11.: Stadel, Mattling, Lesachtal, Westkärnten
Der vorläufige Endpunkt der Entwicklung zu Abb. 8 und 9 zeigt den Stadel, bei dem der ebenerdig liegende Stall nur im Hangeinschnitt gemauert ist. Wegen des Holzreichtums wurde der übrige Bau gezimmert. Man sieht, wie die Hanglage genützt wurde: Jedes der drei Geschoße ist befahrbar, das oberste durch eine Tennbrücke. Der Stall ist in Blockbauweise, das darüberliegende Futterhaus in einer wesentlich leichteren Ständerbauweise errichtet. Ein schönes Beispiel, bei welchem beide Holzbausysteme in einem Gebäude verwendet wurden.

23

halb der bäuerlichen Architekturgestaltung sind ihre Zu- und Anbauten. Sie wurden und werden noch heute zur Erweiterung des bestehenden Stadels oder Wohngebäudes errichtet und sind in ihrer Lage dem Gelände angepaßt. Schon aus diesem Grund ist das Ergebnis jeweils eine absolute Einzelerscheinung. Es gibt Erweiterungen an der Längsseite, an den Schmal- oder Stirnseiten, aber auch rund um das Ursprungs- gebäude (siehe Abb. 84–89 und 140–147).

Waren diese Erweiterungen noch vor 30 Jahren harmonisch gestaltet und sind in vielen Fällen durch die Zwangslage, trotz mancher Geländehindernisse erweitern zu müssen, architektonische Meisterlei- stungen entstanden, so ist diese Harmonie bei den heutigen Erweiterungen selten. Als besonders stö- rend wird es empfunden, daß heute verschiedenste Dachmaterialien an einem Baukörper verwendet wer- den. Schindeln, Ziegel, Betonziegel, Welltafeln und Blechdächer sind nebeneinander zu sehen. Die Ein- heitlichkeit des Baumaterials ist nicht mehr vorhan- den, die Zubauten bilden daher mit dem Ursprungs- gebäude kein Ganzes mehr, sie wirken störend.

Gerade der Gestaltungsreichtum der Zubauten ist äußerst interessant und viel zuwenig erforscht.

Einerseits haben unsere Vorfahren auf einfachste Art und Weise gezeigt, wie das wachsende Haus ge- staltet werden kann, denn unsere moderne Architek- tur hat das Problem des wachsenden und veränder- baren Gebäudes noch immer nicht zur vollsten Zufrie- denheit gelöst bzw. ist es nur in Einzelfällen gelun- gen.

Andererseits zeigt das wachsende Haus sehr deut- lich, daß der Hof kein fertiges Gebäude ist und sein kann. Er muß ständig verändert und ergänzt werden.

Sind solche Ergänzungen zur ständigen Einrich- tung auch bei anderen Höfen geworden, so entstand ein neuer Typ, wie wir ihn beim Längslaubenhaus kennenlernten oder beim Blockstadel des Ringhofes.

Noch ein Wort zum Leben auf dem Bauernhof:

Er war, nach unseren heutigen Maßstäben gemes- sen, ärmlich und dürftig, und dies noch bis vor we- nigen Jahrzehnten. Doch waren die Wohnverhält- nisse überwiegend sauber und ordentlich.

Wenn wir bei E. Hubatschek nachlesen, daß der Wochenplan für das Mittagessen nur am Sonntag Fleisch vorsah und im Winter keine Jause üblich war, da auch keine schwere Arbeit verrichtet wurde, so ist dies kaum vorstellbar.

Die Zeit hat sich gewandelt. Das Pferd als Zugtier verschwand, dem Reittier, wie wir es öfter sehen, genügen nicht mehr ein oder zwei Boxen im Kuhstall.

Die Viehhaltung wurde intensiviert, die Ställe wer- den im allgemeinen größer. Der technische Fort- schritt hat eine Unzahl landwirtschaftlicher Maschi- nen entwickelt, und die Elektrifizierung versorgt fast jeden Hof. Mägde und Knechte sind nicht nur aus dem Sprachgebrauch fast völlig verschwunden. Die tech- nische Arbeitserleichterung macht es möglich, einen Hof mit zwei bis vier Personen zu führen, wo früher zehn und 20 nur einen Teil der Leistung brachten.

Selbstverständlich ist heute der Anspruch an eine Wohnung schon vom Technischen her höher. Ein Bad, das WC erfordern zusätzlich Raum. Andererseits ist die Kinderzahl gesunken; es sind weniger Leute auf dem Hof.

Daß die gewandelten Verhältnisse das Aussehen eines Bauernhofes gewaltig verändern müssen, ist eine Tatsache, die berücksichtigt werden muß, wenn wir von der Erhaltung des bäuerlichen Kulturgutes sprechen.

---

* Christian Lorenz: „Bauernarbeit im Rheinland", Basel 1943.
** Erika Hubatschek: „Bauernhöfe im südöstlichen Kärnten", 1970.
*** Hier sehe ich auch einen mitbestimmenden Konstruktions- ursprung für unser Schopf- und Halbwalmdach: Wurde die eine Seite eines Walmdaches für die Errichtung der Labn verlängert, so war es zumindest nicht selten, daß auch die andere Seite des Daches verlän- gert wurde, um einen Schuppen o. ä. anzubauen.
**** E. Hubatschek: „Bauernhöfe im südöstlichen Kärnten", 1970.

Abb. 12: Einhof, Oberes Ködnitztal, Osttirol

Im Gegensatz zum Einhof in Bladen (Abb. 13) ist hier die Unterteilung zwischen Wohn- und Wirtschaftsbereich nicht in der Längsrichtung durchgeführt, sondern der First bildet die Trennlinie. Der vordere Teil ist das Futterhaus, darunter liegt wie immer der Stall. Die rückwärtige Hälfte bildet den Wohnteil. Den Bedürfnissen entsprechend, wurde der Stall erweitert und das dafür errichtete Pultdach nochmals für die Unterbringung eines Schuppens verlängert.

Abb. 13: Einhof, Bladen, Italien

Viehhaltung, Futter und Wohnen sind unter einem Dach vereint. Das Haus ist etwa 300 Jahre alt, der Rauchfang noch aus Holz. Die Dachneigung beträgt etwa 35 Grad und ist als flach zu bezeichnen. Die Legeschindel sind mit Steinen beschwert.

Abb. 14: Paarhof, Ködnitztal, Osttirol
Der Stadel im Vordergrund steht quer zum Hang ganz im Gegensatz zu den Stadeln in Ostkärnten (Abb. 10) und in der Steiermark. Die Tennbrücke ist geschlossen. Das getrennt stehende Wohnhaus hat die noch ursprünglich kleinen Fenster. Die Dachneigung beträgt etwa 30 Grad, wobei die Legschindel durch aufgelegte Stangen gesichert sind.

Abb. 15: Haufenhof, Maltaberg, Westkärnten
Von links nach rechts stehen folgende Gebäude: Der Getreidespeicher (Troadkasten), das Wohngebäude, der Schuppen und der Stall. Die Dachneigung liegt zwischen 40 bis 45 Grad. Das Wohnhaus hat als einziges den Schopf- oder Halbwalm.

Abb. 16

Abb. 17

Abb. 18

Abb. 19

Abb. 16: Ringhof, Ebene Reichenau, Mittelkärnten
Ein Hof ging auf Reisen. Rund 220 km von seinem Ursprungsstandplatz entfernt, wurde er im Österreichischen Freiluftmuseum Stübing bei Graz wieder aufgebaut. Links die beiden Blochstadel, in deren Mitte der typische Viehhof, rechts das Wohnhaus mit der Ansatzlücke im Bereich des Schopfwalms, in der Mitte der Troadkasten (Getreidekasten).

Abb. 18: Haufenhof, Hörzendorf, Ostkärnten
Ähnlich wie jener aus Zammelsberg (Abb. 19) ist dieser Hof nicht aus Holz, sondern gemauert. Wegen der Mauerbauweise ist die Sicherheit gegen Feuer und Feuchtigkeit so groß, daß kein Getreidekasten notwendig ist. Der Stadel hat statt der Holzfüllungen Ziegelgitter.

Abb. 17: Einhof, Vorderkrems, Mittelkärnten
Dieses Beispiel zeigt, daß sich die ländliche Architektur nicht in ein Schema pressen läßt. Weitum gibt es in diesem Gebiet keine Doppelgiebelform. Der Hof wurde sehr breit gebaut, in der Ausdehnung ähnlich mancher Einhöfe in Mölltal oder Osttirol (siehe Bild 12). Das 45 Grad steile Dach konnte im Gegensatz zum 30gradigen nicht in einem übers gesamte Haus gelegt werden. Es wurden also zwei Dächer mit einem Graben aneinandergebaut.

Abb. 19: Haufenhof, Zammelsberg-Oberort, Mittelkärnten
Das Wohngebäude aus weiß-verfugtem Holz hat das große Walm- oder Manteldach. Der Stadel steht längs zum Hang im Gegensatz zu den hochalpinen Stadeln (Abb. 14) und hat einen Halbwalm. Vorne an der Stirnseite wurde eine Erweiterung mit einem Pultdach angebaut. Der Schuppen links ist mit einem Satteldach gedeckt. Die Dachneigung beträgt überall etwa 45 Grad.

27

Abb. 20

Abb. 21

Abb. 22

Abb. 23

Abb. 20: Haufenhof, Bodental, Ostkärnten
Ein schönes Beispiel ausgewogener Holz-Stein-Architektur. Links das Wohngebäude, im Vordergrund eine Hausharfe (Köse) mit den in dieser Gegend häufig gemauerten Stehern, ganz vorne steht angebaut eine zusätzlich einfache hölzerne Harfe. Vom Stadel sieht man lediglich das Dach im Hintergrund.

Abb. 22: Umadumhof, Edling, Murtal, Steiermark
Der U-förmig angelegte Hof hat in der Mitte die hochliegende Tenneneinfahrt.

Abb. 21: Wohnhaus eines Paarhofes, Liebenfels, Ostkärnten
Der eindrucksvolle Steinbau hat seinen besonderen Reiz durch die weißen Fenster- und Türeinrahmungen. Das mächtige Walmdach ist mit Ziegel gedeckt und trägt eine in dieser Gegend oft vorkommende Eßglocke.

Abb. 23: Paarhof, Rassach, Steiermark
Das an sich schmale Wohngebäude unter steilem Dach ist noch in der tradtionellen Blockbauweise errichtet, das winkelförmige Wirtschaftsgebäude ist bereits eine Ziegelkonstruktion mit Lüftungsgittern. Diese Ziegelgitter sind nicht so groß wie in Ostkärnten oder im Murtal bei Knittelfeld.

Abb. 24: Steinbichl, Wimitztal, Ostkärnten

Blick vom Stadel (nicht sichtbar) zum Wohngebäude, dahinter der Getreidekasten und ein Kreuz. Beachtlich ist der Abstand vom Wohnhaus zum Stadel.

Links über dem offenen Gang (Balkon) des Wohnhauses erreichbar ist der Abort angebaut. Entwicklungsgeschichtlich ist es erst einige Jahrzehnte her, daß der Abort im Haus selbst untergebracht wurde und nicht wie hier abgesondert errichtet wurde.

Abb. 25: Waltersdorf, Steirisches Hügelland

Wo die Alpen auslaufen und letzte Hügel sich in die Ebene hinausschwingen, ändert sich nochmals schlagartig das Bild des Bauernhauses. In dieser Gegend ist das Gebäude geschlossen um einen Hof gebaut. Geschlossen wirkt auch diese Wand, an deren Giebel man nicht nur die Quergebäude erkennt. Sehr einfach gehaltene Ziegelgitter.

29

Der Holzbau

Anfänglich verwendete der Siedler für die Errichtung des Hauses den Baustoff, der in der Umgebung vorhanden war. Deshalb steht das alte Bauernhaus mit seiner nächsten Umgebung in engster Verbindung und harmonischem Einklang. Das Haus im waldreichen Gebiet war von Anbeginn ein Holzhaus. Es war durch Jahrhunderte auch der ideale Baustoff, da es in den Wäldern rascher nachwuchs, als es in einem gut gezimmerten Gebäude verderben konnte. In den europäischen Landschaften mit dem langwüchsigen Nadelholz, vor allem Lärche und Fichte, entwickelte sich schon sehr früh der Blockbau oder Schrottbau, wie er von den Zimmerleuten genannt wird. Hingegen herrscht in den Ländern, in denen vorwiegend Laubholz wächst, der Fachwerkbau vor, da sich das Laubholz meist nur zu kurzem Bauholz schneiden läßt.

Beim Blockbau wurden Langhölzer aufeinandergelegt. Nun wären diese Stämme niemals aufeinander liegengeblieben, die Wand wäre im Gegensatz zu einer aus Steinen gemauerten eingestürzt. Erst das gleichzeitige Auflegen aller Wände mit Verbindungsstellen an den Ecken gab der Wand und somit dem Haus die Festigkeit. Durch das verwendete geradwüchsige Holz, dem System, es liegend zu verwenden und es an den Ecken aus Stabilitätsgründen verbinden oder, wie man sagt, verstricken zu müssen, entstand das rechteckige Haus oder zumindest annähernd rechteckige. Während die gemauerte Wand gekrümmt errichtet werden konnte – wir sehen es an den großen runden oder vieleckigen Erkern Tirols oder an den Apsiden unserer Kirchen –, mußte die

Abb. 26: Getreidekasten, St. Lorenzen, Nockgebiet, Mittelkärnten. Mit zwei Schutzdächern an den Giebelseiten.

Holzwand im Blockbau gerade ausgeführt werden. Ein an sich fremdes, weil gerades Element, war in die kupierte, wellige oder aber auch unregelmäßig schroffe Landschaft hineingestellt: das im Gegensatz zur Umgebung viereckige Haus aus Holz. „In Österreich ist diese Bauart erstmals durch ein Blockhaus vom Hallstätter Salzberg, also für die Hallstattzeit, erwiesen",* also knapp 3000 Jahre alt.

Die verwendeten runden oder behauenen Stämme wurden für das Lagern von Heu oft bewußt luftig übereinandergelegt, also mit etwas Abstand. Für andere Zwecke mußte die so entstandene Wand abgedichtet werden.

In diesem Fall wurden in die Fugen Keile getrieben, so daß sie etwas Luft zeigten, dann wurde Moos eingelegt. Nach dem Entfernen der Keile preßte das Eigengewicht der Holzbalken das Moos zusammen, die einfachste Dichtung war hergestellt. Die Fugen wurden noch mit Lehm verschmiert und eventuell weiß gekalkt, um das Ungeziefer fernzuhalten, welches sich gern im Moos und in den Spalten verkroch.

Diese weiße Verfugung ist vor allem in Ostkärnten und im Nockgebiet zu sehen und gibt den Häusern die charakteristische horizontale Struktur. Im Metnitztal sah ich auch ein Holzhaus mit hellblauen Fugen, wie man es ähnlich in den Karpaten Rumäniens sieht oder auch in der Slowakei.

In Westkärnten und Osttirol, wo der Schopfwalm vom flachen Satteldach abgelöst wird, verschwindet diese Art der gekalkten Verfugung, ein noch nicht erforschter Umstand, denn Ungeziefer gibt es da wie dort.** Die Eckverbindungen wurden sorgfältig ausgebildet. Von der einfachsten Form der abgeplatteten Konstruktion mit den vorstehenden Köpfen über die häufigste Art, der Schwalbenschwanzverzinkung, wobei das Balkenende nicht vorsteht. Darüber hinaus gibt es ganz kunstvolle Verzinkungen, wobei ich eine Art in einer annähernden Doppelglockenform in Außerteuchen fand. Interessant ist dabei, daß diese Form unausführbar erscheint, trotzdem widerspricht die Praxis der Theorie.

Holz ist das Baumaterial schlechthin. Außer den

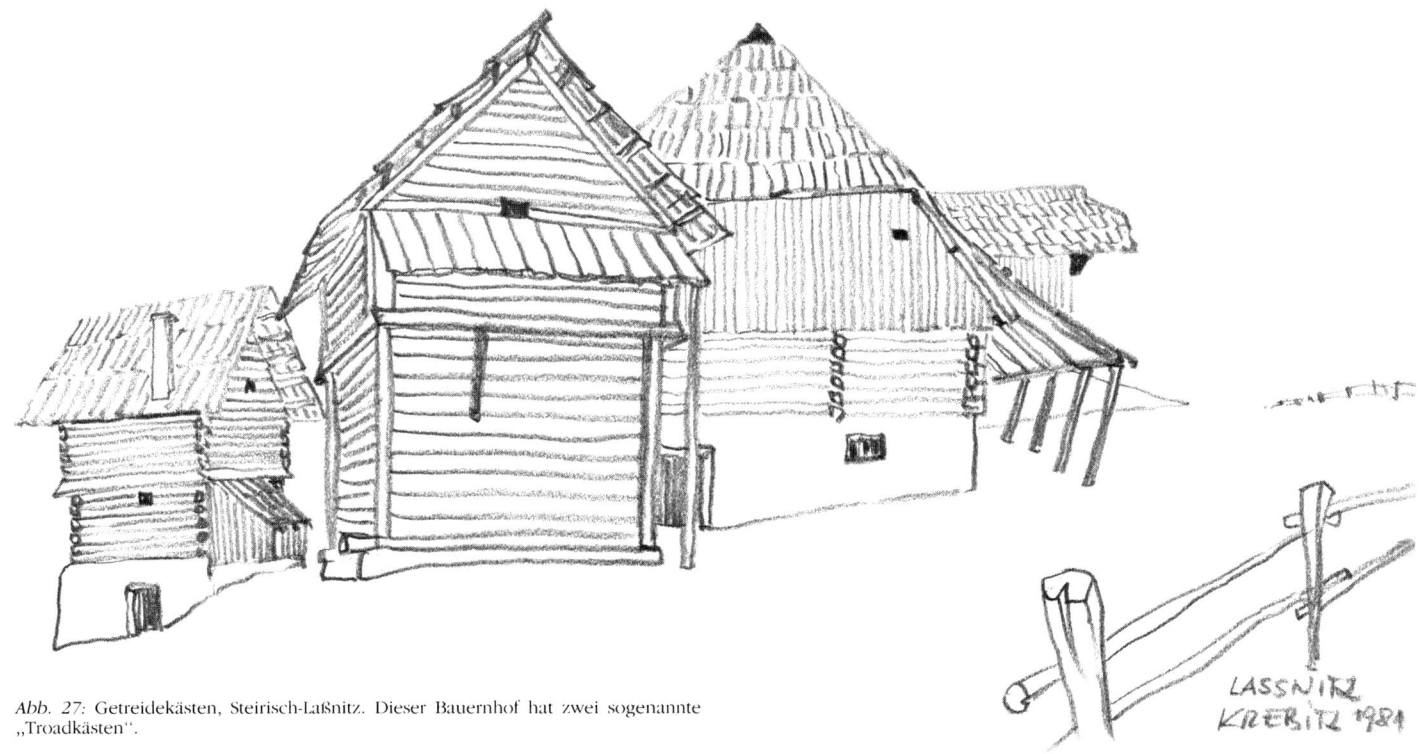

Abb. 27: Getreidekästen, Steirisch-Laßnitz. Dieser Bauernhof hat zwei sogenannte „Troadkästen".

31

Abb. 28

Abb. 29

Abb. 30

Abb. 31

Abb. 28: Getreidekasten, Außerteuchen, Mittelkärnten
Der „Troadkasten" aus Holz wurde sehr präzise und stabil in Blockbauweise gezimmert. Die Eckverbindungen sind teils kunstvoll verzahnt (Abb. 38). Über dem Eingang erkennt man das wellenförmig geschnittene Maus-Brett, welches durch den Überstand verhindert, daß Mäuse die Fenster erreichen.

Abb. 30: Weinkeller, Schwamberg, Steiermark
Ein anderes wertvolles „Speichergut" ist der Wein. Er wächst bereits an den Ostausläufern der Koralpe. Seine zweckmäßige Lagerung im Keller unterscheidet das Gebäude ganz wesentlich von den Getreidespeichern. Darüber aufgestockt befindet sich der sehr schmale Wohnteil. Der Zugang zum Wohnbereich erfolgt über den „Gang", wobei das Gelände geschickt genützt wird. Eine weitere wichtige Erweiterung des Hauses erkennen wir im Vordergrund, eine durch Weinranken o. ä. auf hölzernem Gerüst geschaffene Laube, die also durchs Laub der Pflanzen gebildet wird, der Ursprung der späteren Labn.

Abb. 29: Speicher, Vorderkrems, Mittelkärnten
Um das wertvolle Speichergut (Getreide, Mehl; Selchwaren usw.) vor Feuer und Kleintieren zu schützen, wurden eigene kleine Gebäude errichtet, die im Abstand vom Wohnhaus (Feuerstelle) stehen. Hier ein eher seltener Speicher, der gemauert ist. Der Schutzheilige gegen das Feuer, der hl. Florian, ist in einer Nische überm Eingang aufgestellt.

Abb. 31: Getreidekasten, Laßnitz, Steiermark
Schön gezimmerter Kasten mit im Bild nicht sichtbarem abschreckendem Vogelgerippe als Schutz überm Eingang, eine noch urtümliche Parallele zum Schutzheiligen Florian (Abb. 29).

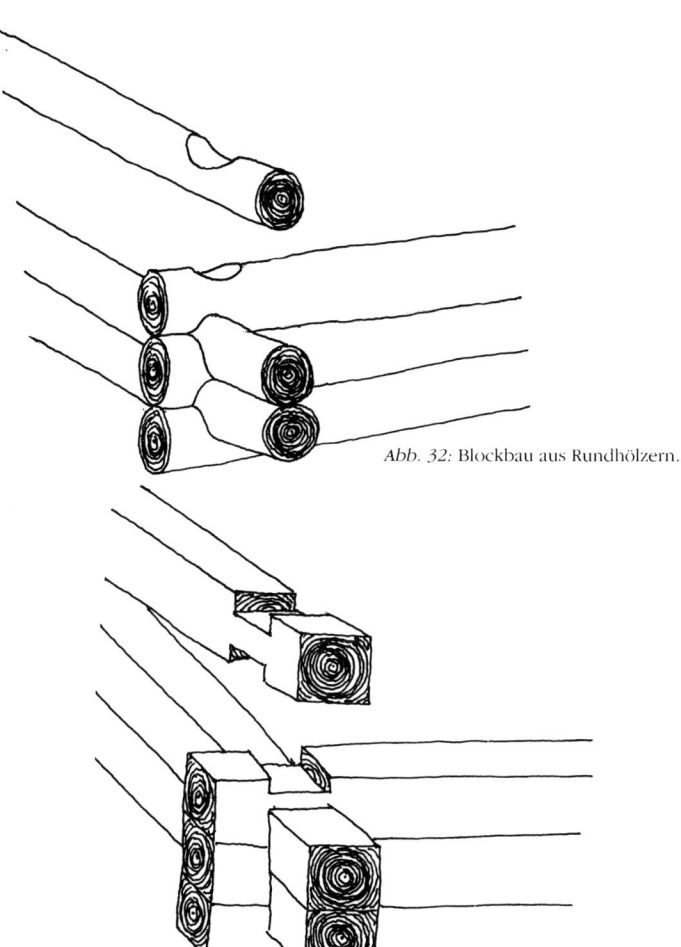

Abb. 32: Blockbau aus Rundhölzern.

Abb. 33: Blockbau aus Kanthölzern mit vorstehenden Köpfen.

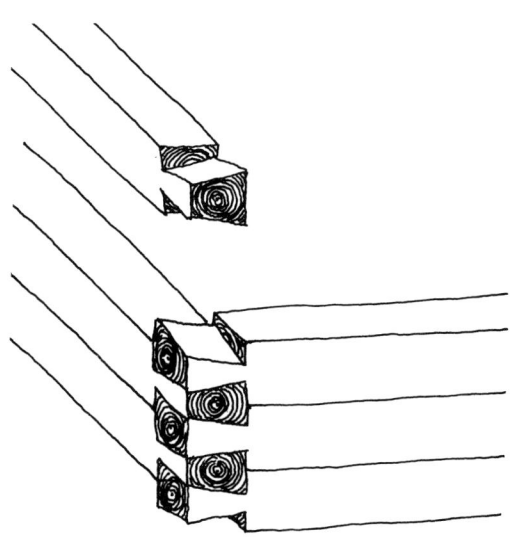

Abb. 34: Blockbau aus Kanthölzern mit Schwalbenschwanzverbindungen. Dadurch sind Vorköpfe nicht mehr nötig.

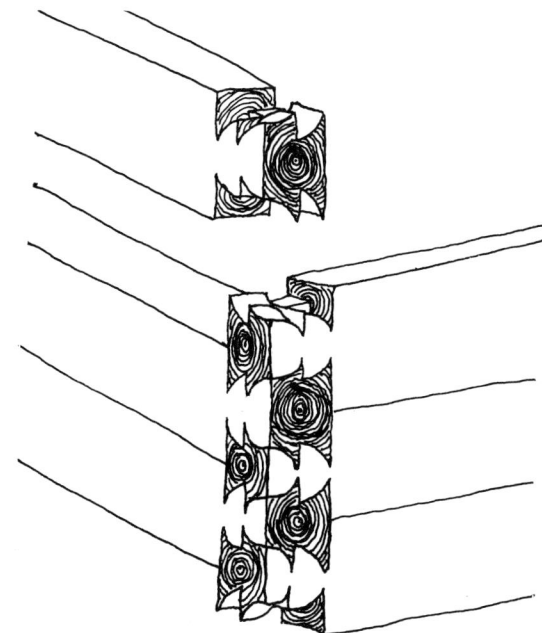

Abb. 35: Blockbau aus Kanthölzern mit der kunstvoll bearbeiteten Glockenschrotverbindung (siehe Abb. 38).

Abb. 36: Blockbau, Wohnhaus, Sagritz/Mölltal, Westkärnten
Kantig behauene Stämme wurden aufeinandergelegt. Durch das Gewicht wird ein zusätzlicher Dichtungseffekt erzielt. Das in Griffnähe an der Hauswand gelagerte Holz ist eine willkommene Wärmedämmung für die Wintermonate.

Abb. 38: Eckverbindung eines Blockhauses, Getreidespeicher (Troadkasten), Außerteuchen, Mittelkärnten.
Der geschnittene Doppelglockenschrot macht die sonst üblichen Vorköpfe (Abb. 32, 33) überflüssig. Die Fugen sind so dicht, daß sie nicht zusätzlich verfugt werden müssen.

Abb. 37: Blockbau, Heuhütte, Hinterbichl, Osttirol
Ein aus rohen Stämmen gebildeter Blockbau mit überstehenden Köpfen. Die Hölzer sind luftig verlegt, so kann das Heu belüftet werden.

Abb. 39: Bretterwände am Stadel, Bad Kleinkirchheim, Mittelkärnten
Die Tennbrücke wurde zur Gänze mit Brettern geschlossen, ebenso der kleine Anbau zwischen Tennbrücke und Stadel. Bretterfüllungen sind auch zwischen den Steinpfeilern des Hauptgebäudes zu erkennen.

Abb. 36

Abb. 38

Abb. 37

Abb. 39

Abb. 40

Abb. 41

Abb. 42

Abb. 43

Wänden wurden das Dach, die Dacheindeckung, die Türen, deren Beschläge, die Fensterrahmen, Fußböden und Decken, ja sogar die Kamine aus Holz hergestellt. Davon wird noch in den Kapiteln über das Dach und Fenster zu lesen sein.

Auch die Balkone sind aus Holz. Die Geländer wurden ursprünglich durch senkrecht aneinandergereihte Pfosten oder Bretter geschlossen. Das Holz schrumpfte, und es entstanden ungleichmäßige Fugen. So wurden die Bretter gleich mit Fugen verlegt, und im 19. Jahrhundert wurden Blumen- und Glockenmuster ausgesägt.

Diese Art ist etwa 150 Jahre alt und konnte erst mit der maschinellen Herstellung von Brettern beginnen, denn seit dem vorigen Jahrhundert wurden an den Bächen die teils noch heute erhaltenen Sägewerke errichtet.

Mit der Verwendung der Blumenmuster am Bau wird hier eine Entwicklung eingeschlagen, wie sie vor 4500 Jahren in Ägypten begann, als in Sakkara Steinsäulen in Form von Lotosblumen und Papyrusstauden gestaltet wurden.

Bei unseren Balkonen mit ihren vielfältigen Mustern ist bemerkenswert, daß die Blumenmotive – im Gegensatz zu den Architekturteilen der Antike bis zum Barock – nicht auf Säulen und Pilaster gestaltet wurden, sondern daß hier erst der Zwischenraum die Blumenform bildet. So benötigt man zwei Bretter, um die Negativform zu erkennen. Obwohl unsere Hausforscher diese Art der ausgesägten Balkonbrüstungen als nicht typisch oder bodenständig bezeichnen, bin ich hier der Meinung, daß diese Art so weit verbreitet und in soviel Varianten und Mustern zu sehen ist, daß man hier zwar von keiner sehr alten, aber doch bodenständig entwickelten Baukultur sprechen kann, wenngleich diese über Österreich hinausreicht.

Die Unzahl der Verwendungsmöglichkeiten des Holzes wurde gezeigt. Trotz seiner Behaglichkeit wurde es in den letzten Jahrzehnten nicht oder zum geringen Teil für den Bau herangezogen. Vielfach dazu beigetragen hat die Brandgefahr. Zwar sind Öfen und Herd sicherer und zum Teil durch Zentralheizungen ersetzt worden. Offenes Licht gibt es kaum mehr. Der Kamin darf nicht mehr aus Holz gezimmert werden, und der Blitzschutz ist meist wirkungsvoll, so er ordnungsgemäß verlegt wird. Doch bergen andererseits die Elektroleitungen dann eine Gefahr in sich, wenn die Anschlüsse unsachgemäß verlegt wurden oder die Sicherungen nicht den Vorschriften entsprechen. Bei sorgfältiger Elektroinstallation allerdings ist die Gefahrenquelle kleiner als durch eine brennende Kerze oder Petroleumlampe.

So hat sich im Laufe der Jahrtausende im Alpenraum der Holzbau bewährt. Auf Grund von Überlieferungen und Erfahrungen wurden diese Bauten gestaltet, auch der Holzbau war immer Veränderungen ausgesetzt und wurde laufend verbessert. Die schönen Holzbauten sind in Kärnten am meisten gefährdet. Es scheint nicht modern zu sein, in Holzhäusern zu wohnen. War noch vor 100 Jahren in manchen Gegenden Kärntens der Holzbau so vorherrschend, daß bei über 90 Prozent der Bauten dieses Material verwendet wurde, ist das Verhältnis heute gerade umgekehrt. Vom medizinischen Standpunkt aus wird jedoch das Holzhaus allen anderen Bausystemen der Vorzug gegeben. Man kann nicht oft genug darauf hinweisen, daß man im Holzhaus am gesündesten lebt.

---

* Viktor H. Pöttler: „Österr. Freilichtmuseum", 1972.

** Wahrscheinlich konnten im Westen die Holzstämme genauer bearbeitet werden, somit waren die Fugen schmäler.

Abb. 40: Hakenhof, Sörgerberg, Ostkärnten
Der Balkon führt um die Ecke, die Verschalung ist so ausgeschnitten, daß der Zwischenraum das Muster bildet und nicht das Brett. Die weiße Verfugung des Blockbaues ist erst in Mittelkärnten und östlich davon anzutreffen. Wohn- und Wirtschaftsteil sind aneinandergebaut und bilden einen Winkel (im Bild nicht sichtbar).

Abb. 42: Wohnhaus, Fachau, Ostkärnten
Das sehr breit gelagerte Wohnhaus hat im Stock und dem darüberliegenden Dachgeschoß je einen Gang, der hier zum Beispiel zum Wäschetrocknen verwendet wird. Bei dieser Hausbreite ist das örtliche steile Dach nur durch überlange geradwüchsige Balken zu erzielen gewesen.

Abb. 41: Einhof, Bladen, Italien
Für leichte Konstruktionen wurden dünne Hölzer und Bretter verwendet, so wie hier zur Verschalung des Ganges, wie der Balkon genannt wird. Darunter erkennt man die massive Blockbaukonstruktion, wobei die Köpfe immer weiter „auskragten", um den Balkon zu tragen.

Abb. 43: Wohnhaus, Moosburg, Mittelkärnten
Restbestand einer besonders schön gebrochenen Balkonverschalung.

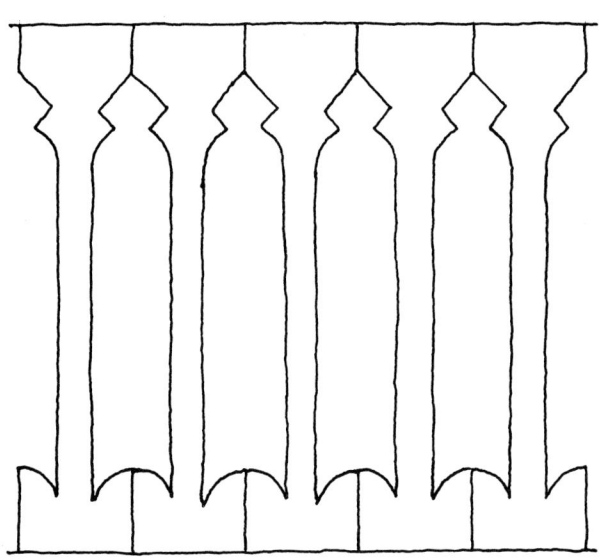

Abb. 44: Gangverschalung, Rüben, Lesachtal, Westkärnten.

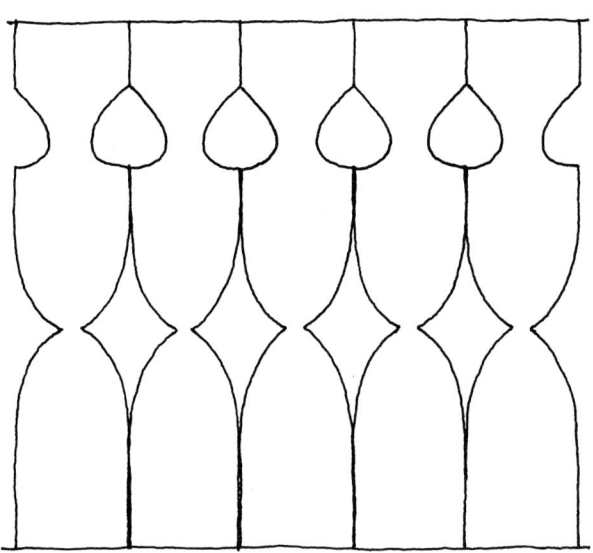

Abb. 45: Gangverschalung, St. Lorenzen, Lesachtal, Westkärnten.

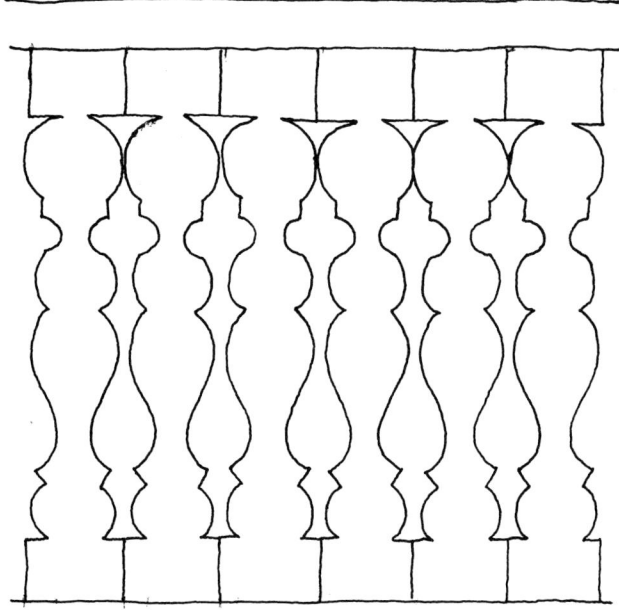

Abb. 46: Gangverschalung, Metnitz, Ostkärnten.

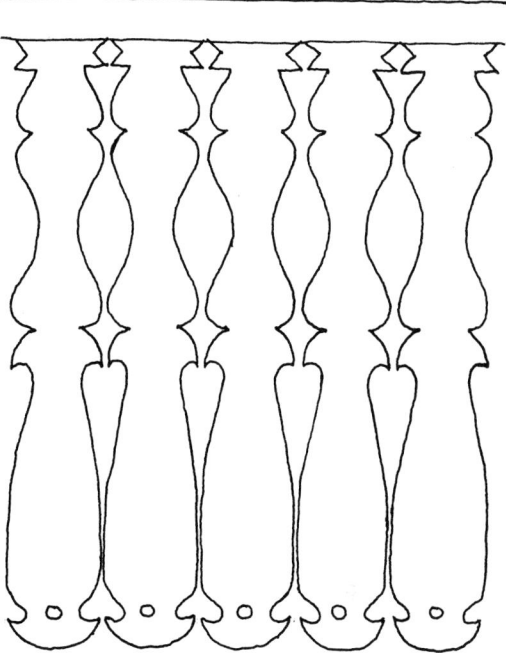

Abb. 47: Gangverschalung, Deutsch Griffen, Mittelkärnten.

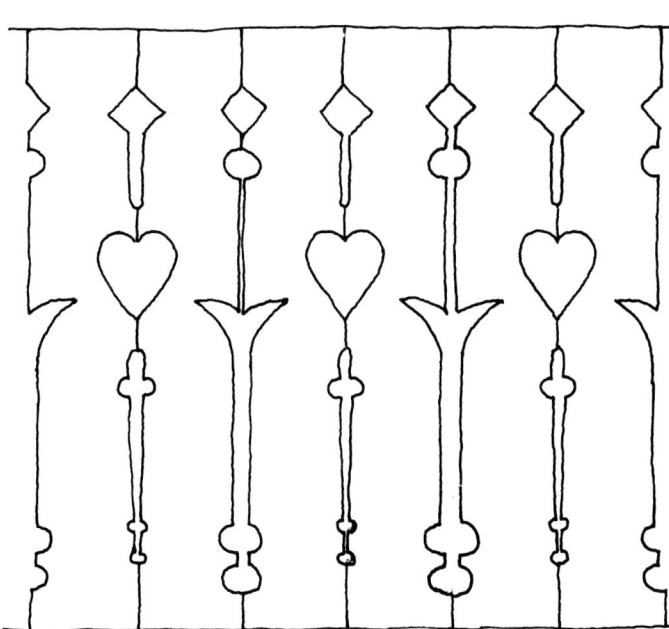

Abb. 48: Gangverschalung, Sagritz, Westkärnten.

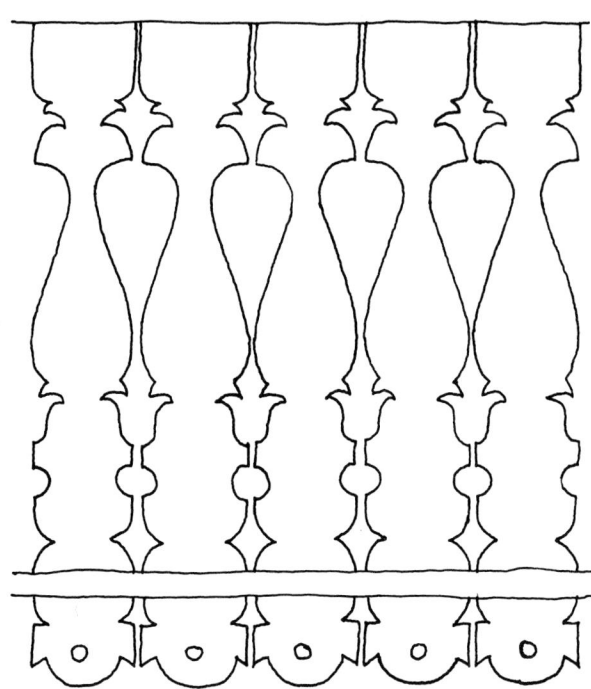

Abb. 49: Gangverschalung, Gnesau, Mittelkärnten.

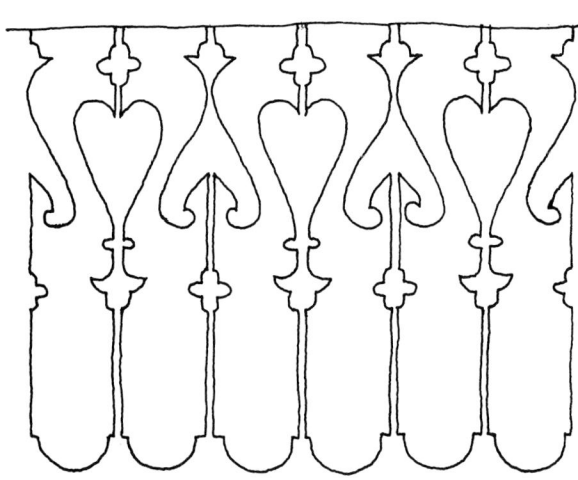

Abb. 50: Gangverschalung, Gnesau, Mittelkärnten.

Abb. 51: Gangverschalung, Moosburg, Ostkärnten (siehe Abb. 43).

Abb. 52

Abb. 53

Abb. 55

Abb. 54

39

Der Steinbau

Holz hat im Bau einen Nachteil: Dort wo es auf dem Boden steht oder liegt, wird es durch die andauernde Feuchtigkeit, durch Schnee und Frost kaputt. Das Reparieren ist sehr schwierig, denn das ganze Gewicht des Hauses lastet auf dieser gefährdeten Stelle.

So war und ist es naheliegend, den unteren Teil des Holzbaues durch Materialien zu schützen, welche gegen Wasser und Frost nicht oder kaum anfällig sind. Dafür eignet sich im besonderen Maße der Stein, der in unseren Tälern und Bergen in verschiedenster Form vorhanden ist. Man verwendete der Einfachheit halber Findlinge, wie sie die Gletscher der Eiszeit oder Überschwemmungen ins Tal gebracht haben oder wie sie auch durch Steinschläge liegenblieben. Sie waren je nach der Gegend rund geschliffen oder kantig gebrochen, aus Granit oder Kalkstein, den beiden wichtigsten Steinarten unserer Täler, aber auch aus Schiefer. Die Findlinge sind von unterschiedlicher Größe. Man legte die Steine ursprünglich noch ohne Mörtel auf ihre breiteste Fläche, um dem Fundament oder der Mauer entsprechende Festigkeit zu geben. Zwischenräume wurden durch kleine Steine „ausgezwickt". Es entstand das Feldsteingemäuer. Später wurden Bruchsteine verwendet, die also händisch gebrochen wurden. Da die Bruchfläche meist einigermaßen ebenflächig ist, war das Mauern leichter als beim Feldsteinmauerwerk.

Mit diesem Steinmauerwerk konnten Unebenheiten des Geländes leicht ausgeglichen werden, um darauf die ersten Holzbalken des Blockbaues zu legen. War die Hanglage so steil, daß der rückwärtige Teil schon im Erdbereich war, so wurde auch dieser Teil des Hauses aus Stein hergestellt. So sehen wir heute sehr oft den charakteristischen Bauernhof, bei dem ein Teil des Geschosses gemauert ist, der andere aus Holz. Aus der Erfahrung heraus stellte der Bauer bald fest, daß manche Vorräte, so z. B. das Gemüse, in von Steinwänden umgebenen Räumen eine wesentlich längere Haltbarkeit aufwiesen.

Unsere Steinbauten wurden meist rechtwinkelig errichtet, weil auf den darüberliegenden Holzbau Rücksicht genommen werden mußte, obwohl kein anderes Material so geeignet ist, sich dem Gelände anzupassen, Rundungen und Nischen zu mauern und dadurch die Grundlage vorhanden gewesen wäre, eine ganz andere Bau- und Wohnkultur zu entwickeln, wie wir es aus frühgeschichtlichen Funden aus Italien und China her kennen. Dort fand man runde oder abgerundete Räume und Häuser.

Das Holz prägte demnach auch den Baustil des Steines in unseren Tälern. Durch seine Festigkeit und Brandbeständigkeit verdrängte er Teile des Holzbaues, so daß manchmal nur das Dach dem Holz vorbehalten blieb. Bei manchen Kirchen Kärntens wurden nach den kriegerischen Einfällen der Kukuruzen auch die Dachschindeln durch feuerfeste Steinschiefer ersetzt, wie es die Kirche in Grentschach so schön zeigt oder jene am Magdalensberg. Freilich für das Bauernhaus war eine Steindeckung zu kostspielig.

Eine gänzlich neue Art der Verwendung des Steines ist der Beton in seinen verschiedensten Arten, als Stampfbeton, Stahlbeton oder der im ländlichen Be-

Abb. 53: Stadel, Perchau, Steiermark
Die Felder zwischen den gemauerten Pfeilern sind durch liegende Holzausfachungen geschlossen. Eine Besonderheit einiger Stadel dieser Gegend stellt das sonst nicht vorkommende Mansardendach dar.

Abb. 55: Stadel, Greutschach, Saualpe, Ostkärnten
Die Felder zwischen den Mauerpfeilern sind durch eine Holzverschalung geschlossen. Bei Bretterkonstruktionen hat sich im Gegensatz zur Blockbauweise die senkrechte Verlegung bewährt, da der Regen entlang der Faserrichtung abrinnt und die Lebensdauer des Holzes verlängert. Ein alter, noch geflochtener Wagen wurde untergestellt.

Abb. 52: Stadel, Wölfnitz, Ostkärnten
Eine schöne Wechselwirkung von Mauer und Holz, deren besondere Note das vorgebaute Trockengerüst ist, welches jedoch nicht für Heu, sondern für Maiskolben errichtet wurde.

Abb. 54: Wohnhaus, Wielfresen, Steiermark
Holzbau auf gemauertem Keller.

Abb. 56

Abb. 57

Abb. 58

Abb. 59

Abb. 57: Stadelgitter, Gnesau, Mittelkärnten
Die Füllung zwischen den tragenden Pfeilern wird durch stehende Ziegel geschlossen, die bereits zu Mustern vermauert wurden. Das Pfeilermauerwerk selbst ist aus einer Stein-Ziegel-Mischung.

Abb. 59: Stadelgitter, Pörtschach am Berg, Ostkärnten
Die drei Hauptöffnungen sind durch eine liegende Gittermauerung, dem sogenannten Kärntner Kreuz, gefüllt worden. Das obere Mittelfenster gibt der Fassade ihr besonderes Gepräge, welches durch die augenartigen Rundöffnungen an ein Gesichtsmotiv erinnert. Die gotisch anmutenden Fenster und das Heiligenbild geben dem Ganzen einen sakralen Charakter.

Abb. 56: Stadelgitter, St. Michael, Zollfeld, Ostkärnten
Das ähnliche Verlegermuster wie bei Abb. 64 in einem breitgewölbten Halbbogen ergibt ein völlig anderes Erscheinungsbild, was noch durch die zarte, weiß hervorgehobene Kreuzform gesteigert wird.

Abb. 58: Stadelgitter, Goggerwenig, St. Veit, Ostkärnten
Auch hier wieder das zart hervorgehobene Kreuz, ausgefüllt mit ganz luftig gebogenen Dachziegeln; eine Spezialität, wie man sie nur im Bereich um St. Veit/Glan findet.

reich zumindest bis heute kaum verwendete Spannbeton. Der Beton ist vom Material her für einen größeren Bereich verwendbar, als es der Stein ist, man denke nur an die Stahlbetondecken oder die Verwendung von Dichtbeton bei Gefahr von Wassereinbruch. Anders als der Stein ist der Beton wesentlich abhängiger vom Holz, denn die Formen, in die der frische Beton gegossen wird, werden zumeist aus Holz hergestellt. Da es häßlich wirkt, wenn am Beton nachträglich gestemmt wird, seien es Lichtleitungen, ein vergessenes Fenster o. ä., muß die Holzform, am Bau Schalung genannt, sorgfältig gehobelt und gezimmert werden, und alle Öffnungen und Schlitze sind vorher als Negativformen in die Schalung genau einzulegen. Der Beton ist in hohem Maße geeignet, Aufgaben im ländlichen Bereich zu erfüllen, wegen des äußerst schlechten Raumklimas ist er bei Räumen für Mensch und Vieh nicht empfehlenswert, es sei denn, es werden sorgfältige Verkleidungen mit wärmedämmenden Materialien auf die Betonwand gegeben, oder die Betonmischung wird mit einer Beimengung von gesinterten Tonkugeln hergestellt.

Der Ziegelbau

Der Ziegelbau hat sich bei uns relativ spät durchgesetzt. Zwar stammen die ältesten Ziegel in unseren Breiten aus der Römerzeit, wir kennen sie aus zahlreichen Funden vom Magdalensberg und dem Zollfeld, aus St. Peter in Holz oder Aguntum. In den Wirren der Völkerwanderung verschwand auch die Ziegelbauweise. Erst im Mittelalter wurden vornehmlich in der Nähe der damals jungen Städte Ziegeleien gegründet. Diese waren die Hauptabnehmer und blieben es. Die Landbevölkerung konnte sich den für sie teuren Ziegel nicht leisten, war sie doch andererseits in der Lage, alles Baumaterial selbst herzustellen und zu bearbeiten. So blieben die Baustoffe Holz und Stein die wichtigsten Bestandteile ländlicher Architektur.

Dann plötzlich am Beginn des vorigen Jahrhunderts kam der Ziegel in unsere Landschaft. Nicht wie man annehmen würde zur Errichtung von Mauern, sondern als Lüftungsgitter bei den Stadeln und zur Dachabdeckung. Wohl wurden auch Wände aus Ziegel gemauert, aber in sehr geringer und unbedeutender Zahl. So sieht man hin und wieder ein Mischmauerwerk aus Stein und Ziegel, wie er z. B. am Stadel bei Gnesau vorkommt. Diese Art der Mauerung entstand sichtlich dann, wenn ein alter Stadel, der durch Brand oder Verfall beschädigt wurde, neu aufzustellen war. Die vorhandenen Steine aus dem alten Gebäude wurden selbstverständlich wiederverwendet. Zusätzliche, neue Steine waren Mangelware geworden, gerade in den flachen Gegenden. Hier aber standen die Ziegeleien. So verwendete man ergänzende Ziegel, teilte aber nicht das Gebäude in einen steingemauerten Teil und einem aus Ziegel, sondern errichtete das bereits erwähnte Mischmauerwerk, wobei die Anteile von Ziegel und Stein je nach vorhandenem Material schwankten. Viele dieser Mauern wurden verputzt, so daß ihre Struktur nicht zu sehen war.

Das Auftauchen der Ziegelgitter an den Stadeln anstelle einer bis dahin hauptsächlich aus Holz errichteten Konstruktion hat ihre Ursache in der leichten Brennbarkeit des Holzes und in den in dieser Zeit gegründeten Brandschadenversicherungen. Ziegelkonstruktionen sind relativ feuersicher. So wurde beispielsweise 1832 die erste Brandschadenversicherung für Innerösterreich gegründet, „die durch ihr Prämiensystem nachhaltig auf Bauerhaltung und Baugestaltung zurückwirkte". *

Eine Heimat unserer Ziegelgitter ist das nördliche Italien, hier herrscht die Ziegelbauweise vor. Im Kärntner, aber auch im steirischen Raum ist daher für diese Art der Lüftungsgitter der Einfluß aus dem benachbarten Italien nicht zu übersehen.

Viele Maurermeister in Kärnten waren italienischer Abstammung. Waren die Gitterkonstruktionen und ihre Muster in Norditalien im allgemeinen eher einfach gehalten, wurden in unseren Breiten fast von Haus zu Haus die Gitter unterschiedlich, ja geradezu kunstvoll gestaltet. Anfänglich wurden die Gitter im bestehenden Stadel anstelle der vorhandenen Holzverkleidung nachträglich eingemauert. Man nahm dazu vorerst die normalen, damals noch handgeschlagenen Ziegel in den Ausmaßen von etwa 29×14×6,5 cm. Es folgten die flachen Dachziegel und die halbrund gebogenen Firstkappenziegel. Mit diesen drei Formen war die Grundlage für eine abwechslungsreiche Gestaltung gegeben. Es können allein 14 verschiedene Hauptmuster festgestellt werden, die in den verschiedensten Fensterformen eingemauert wurden, vom quadratischen Fenster über das Rechteck, das auf der Spitze stehende Viereck, dann die verschiedenen Dreiecke bis zum Halb-, Viertel- und vollen Kreis. Allein durch die Kombination von Muster und Fensterform sind 2000 Varianten möglich. Man erkennt an diesen Beispielen die faktisch unendliche Vielfalt der Gestaltung.

Aber damit noch nicht genug, es wurden freie Formen gestaltet, wie Sonnen- und Sternmotive zeigen.

Abb. 60

Abb. 61

Abb. 62

Abb. 63

Abb. 60: Stadel, Mailsberg, Liebenfels, Ostkärnten
Das gleiche System der streifenförmigen Lüftungsschlitze wie in Treffelsdorf (Abb. 61), die jedoch zu Halbkreisen geformt wurden. Dies ist ein sehr schönes Beispiel, wie sich die Architektur eigenständig weiterentwickelt hat. Im Sommer 1983 brannte dieser Stadel ab.

Abb. 62: Stadelgitter, St. Stefan bei Völkermarkt, Ostkärnten
Eine kirchenartige Gestaltung mit Fensterrosetten, Spitzbögen und Kreuz. Selbst die Jahreszahl 1889 wird durch Öffnungen gebildet.

Abb. 61: Stadelgitter, Treffelsdorf, St. Veit, Ostkärnten
Baujahr 1862. Die Öffnungen sind nur noch in Streifenform vorhanden, deren Breite im Bereich der oberen Fenster rhythmisch wechselt und fast einem Gewebe ähnelt.

Abb. 63: Stadelgitter, Pörtschach am Berg, Ostkärnten
Aus demselben Ort stammt bereits das Beispiel Abb. 59, doch ist diese Giebelwand völlig anders gestaltet. Man beachte die schräg gestellten Ziegel im unteren Teil der Hauptöffnungen. Insgesamt sind hier vier verschiedene Versetzarbeiten angewendet worden.

44

Glocken-, herz- und reifenförmige Öffnungen sind ebenso beliebt wie Spitzbogenfenster, die wohl in Anlehnung an gotische Kirchenfenster entstanden. So erinnert uns auch mancher Stadel an einen Kirchenbau in seiner breiten, fast sakralen Wirkung. Diese Wirkung wird noch gesteigert durch die verschiedensten Kreuzmotive. Einen besonders sakral gestalteten Stadel können wir in St. Stefan bei Völkermarkt sehen. Neben den sicher religiösen Motiven ist es bei den Stadelgittern ganz einfach der Sinn für Schönes, der mitwirkte, immer neue Formen zu finden und auszuführen. Besonders phantasievoll ist für mich der Stadel in Meilsberg bei Liebenfels im Glantal. Bei diesem Beispiel sind die Öffnungen nicht mehr fensterartig, sondern ein von der bisherigen Fenstervorstellung unabhängiges Element, welches in einem eigenwillig ausgewogenen Verhältnis zur Wand steht.

Die haustechnische Funktion der Gitter wird bei der kunstvollen Gestaltung gerne übersehen: Die Belüftung ist eine optimale und kann durch technische Neuerungen nicht wesentlich wirkungsvoller ersetzt werden, sie bildet einen wirksamen Regenschutz und eine gut verteilte diffuse Belichtung.**

Lange Zeit wurde dieses neue Architekturelement als nichttypisch für unsere Region angesehen. Es ist besonders bemerkenswert, daß Switbert Lobisser in seinen Holzschnitten kein einziges Mal Ziegelgitter zeigte, obwohl er hauptsächlich in ihren Verbreitungsgebieten tätig war und das Volksleben auf seine meisterhafte Art darstellte.

In der wohl umfangreichsten wissenschaftlichen Abhandlung über das ländliche Bauen in Kärnten, dem Buch von Prof. O. Moser, „Das Bauernhaus", 1974, findet man die Stadelgitter mit keinem Wort erwähnt.

Die bereits erwähnte Gründung von Brandschadenversicherungen machte es auch ratsam, die Dächer mit Ziegeln zu decken, schließlich war die wesentlich höhere Prämie für Stroh- und Schindeleindeckungen maßgebliche Ursache dafür, daß so mancher Bau eine Hartdeckung bekam. Trotz der Ziegeldeckung blieb die Form des Daches, wie wir es vom Stroh- und vom Schindeldach her kennen. Die wesentlich flacheren Dächer der westlichen Landesteile waren für eine Ziegeldeckung ungeeignet und blieben zwangsläufig bis in unsere Tage mit Legschindeln gedeckt. Erst die verzahnten, maßgenauen, neuen Dachziegel konnten dem Legschindeldach technisch wirkungsvolle Konkurrenz bieten, wenngleich der optische Effekt in jedem Fall gelitten hat.

---

* O. Moser – „Das Bauernhaus und seine landschaftliche und historische Entwicklung in Kärnten", 1974.
** Hasso Hohmann – „Giebellukn und Stadlgitter", 1975.

Abb. 64: Stadelgitter aus Ziegeln, Taggenbrunn, St. Veit/Glan, Ostkärnten.

Abb. 65: Stadelgitter aus Ziegeln, Friedlach, Glantal, Ostkärnten; St. Margarethen, Steiermark.

Abb. 66: Stadelgitter aus Ziegeln (Kärntner Kreuz), Pfaffendorf, Lavanttal, Ostkärnten; Kraig, Ostkärnten; Weißbriach, Westkärnten.

Abb. 67: Stadelgitter aus Ziegeln, Klein St. Paul, Ostkärnten.

Abb. 68: Stadelgitter aus Ziegeln, Pausendorf, Murtal, Steiermark (abgebrochen); Farrach, Ostkärnten; Greifenburg, Westkärnten.

Das Dach

Das Dach hat wohl die wichtigste bautechnische Aufgabe zu erfüllen: Es muß die Niederschläge wie Regen, Hagel und Schnee vom darunterliegenden offenen oder geschlossenen Raum wirkungsvoll abhalten bzw. ableiten. In unseren Breiten konnte diese Forderung nur mit dem geneigten Dach gelöst werden.

Wie schon erwähnt, ist in der südostalpinen Landschaft ein großer Unterschied in der Dachform (siehe Abb. 19) und Dachneigung festzustellen.

Während in Ostkärnten und der angrenzenden Steiermark das 45 bis 50 Grad steile Dach das Bild der Täler und Höhen unverwechselbar prägt, ist es in Mittelkärnten eher um 40 Grad geneigt. In Westkärnten dagegen sind Dachneigungen unter 30 Grad anzutreffen. Gerade die flachgeneigten, breitgelagerten Dächer des Mölltales, Lesachtales und Osttirols sind so vorherrschend, daß niemand in diesen Tälern auch dort das Steildach vermuten würde. Doch sind sie seit bald 1000 Jahren vorhanden und wurden immer wieder nachgebaut. Es sind dies die Dächer der kleinen Kirchen und Kapellen. Es ist ein so eigenartiger Umstand, daß ich diesen im Kapitel über den Kirchenbau eigens ausführlicher behandeln werde.

Die Neigung des Daches war abhängig von der Dacheindeckung. So waren die Vorläufer der steileren Dächer Ostkärntens bis in die Gegend des Millstätter Sees ursprünglich mit Stroh gedeckt.

„Um 1930 war es selbst in den Niederungen Unterkärntens noch vielfach zu finden und beherrschte im Gurker Bergland, im ganzen Saualpengebiet sowie im übrigen Lavanttal das Siedlungsbild der Bergbauernhöfe.''*

Die Strohdeckung ist heute praktisch verschwunden, an ihre Stelle trat vor etwa 200 Jahren das Spanschindel- und das Scharschindeldach.

Im südlichen Unterkärnten kommt daneben auch häufig das Bretterdach vor, wie der Name Brett sagt, eine relativ späte Entwicklung.

Im Westen waren die klobigen Legschindeln vorherrschend, die man ohne weitere Befestigung auflegte. Das Dach mußte aus diesem Grund wesentlich flacher sein, damit die Schindeln nicht abrutschten.

Wie sehr sich das Dach auch auf die Hausform auswirkte, sehen wir daran, daß sich das flache Dach für eine Walmform nicht eignete. Für hohe An- und Zubauten mit geänderter Firstrichtung waren die steilen Dächer bedeutend günstiger. Hier finden wir auch eine wichtige Erklärung für die Stellung des Stadels zum Hang: Während im Steildachgebiet Ost- und Mittelkärntens die Tennbrückeneinfahrt günstig in der Mitte der Längsseite des Daches durch ein Querdach eingebunden werden konnte, mußte der Stadel im Westen quer zum Hang errichtet werden, mit der Einfahrt an der ungünstigeren Giebelseite.

Nicht nur die Dachneigung ist unterschiedlich, wir finden auch alle wesentlichen Dachformen.

Das einfachste Dach ist das Pultdach, es ist bei freistehenden Bauten, meist nur noch für Hütten, in Verwendung.

Das Satteldach ist, wie das Wort ausdrückt, beidseitig abfallend. Es ist in Osttirol und im Westen Kärntens, mit geringen Ausnahmen, durchwegs vertreten und ist als Pfettendach ausgebildet. Bei der flachen Ausführung bleibt der Schnee auf den Legschindeln liegen, während er bei der steileren Ausführung Ostkärntens und der Steiermark leichter abrutscht. In westlichen Gebieten nützt man die größere Schneemenge als zusätzliche Wärmedämmung, während im östlichen Gebiet das Strohdach von Haus aus besseren Wärmeschutz bot als die Legschindel.

Die Dachform war demnach nicht beliebig entstanden, sondern ist in engen Zusammenspiel von Deckungsart (Stroh häufig als Manteldach, Legschindel durchwegs als Satteldach) und auch der Art der Feuerung (kaltes und warmes Dach), durch Jahrhunderte hindurch zu dem geworden, wie wir es heute noch sehen.

47

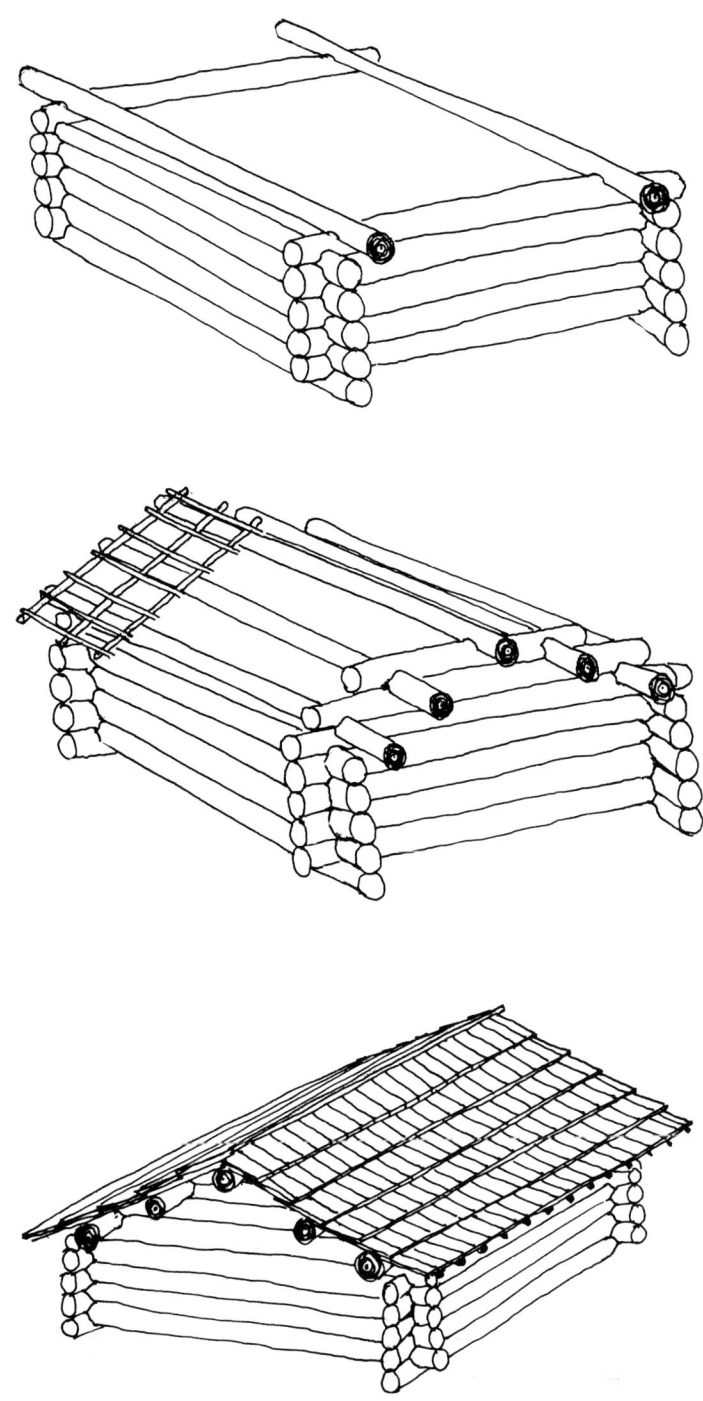

Abb. 69–71: Entwicklung des Hausdaches, wie es in Ostkärnten und Osttirol noch zu sehen ist. Zur Schließung des Giebeldreieckes sind Fußpfetten, Mittelpfetten und Firstpfette mit den kurzen Balken des Giebelfeldes verbunden. Die Legschindeln werden lediglich aufgelegt und in Osttirol manchmal mit Steinen beschwert.

In Ostkärnten ist das Walmdach vielfach anzutreffen. „Das Vollwalmdach heißt hier sehr treffend Manteldach, worin die schützende, umhüllende Wirkung dieser Dachform gut zur Geltung kommt."** Dieses vier Seiten umgebende Dach ist erst durch die alte Strohdeckung erklärbar, denn mit Stroh war es nicht schwierig, die vorhandenen Kanten dichtzudecken, während diese Stellen bei der Schindeldeckung ganz besonders vorsichtig und mit viel handwerklichem Geschick ausgebildet werden mußten.

Mantel- und Satteldach haben eine gemeinsame Zwischenform, das bei uns so verbreitete Schopfdach (Halbwalm), welches in der Fachsprache leider Krüppelwalmdach heißt. Es ist jedoch eine Dachform, die mit Sicherheit aus dem Strohdach heraus entstanden ist. Schon bei der Entwicklung des Wohnhauses habe ich zu zeigen versucht, wie aus dem Manteldach durch Verlängern des Daches das Schopfdach wurde. Ein weiterer, vielleicht der entscheidende bautechnische Faktor hat ebenfalls zu dieser Form beigetragen: Bei der alten Blockbauweise wurde das Satteldach im Bereich des Giebeldreieckes geschlossen, denn beim flachen Dach war der oberste Wandbalken noch lang genug zum Lagern und wurde von der Firstpfette gehalten. Nicht so jedoch beim steilen Scherendach, hier war das Schließen des obersten offenen Restdreieckes durch einen liegenden Balken unmöglich. Das Steildach mit der damals noch üblichen Strohdeckung verlangte danach, dieses letzte offene Dreieck einfach durch einen Strohschopf zu schließen. Bei den folgenden Bauten wurde der Schopf länger, mit zwei oder drei Strohscharen bedeckt.

Wieder spielt der Rauchabzug eine bedeutsame Rolle bei der Gestaltung eines Daches: Es ist das bereits erwähnte Dach mit den beiden Rauchluckn, in Fachkreisen unter dem Namen Aussatzlücken bekannt, die sich als Kärntner Eigenheit besonders im Nockgebiet und im Gurktal durchgesetzt hat.

Wie ist diese Luckn entstanden? Wenn man versucht, die Spitze des Walmdaches dicht zu bekommen, dort, wo drei Dachflächen an einem Punkt zusammenstoßen, so wird man sofort die auftretende Schwierigkeit erkennen. In der Praxis wird durch Vergrößern der Punktstelle dieser Zusammenschluß ver-

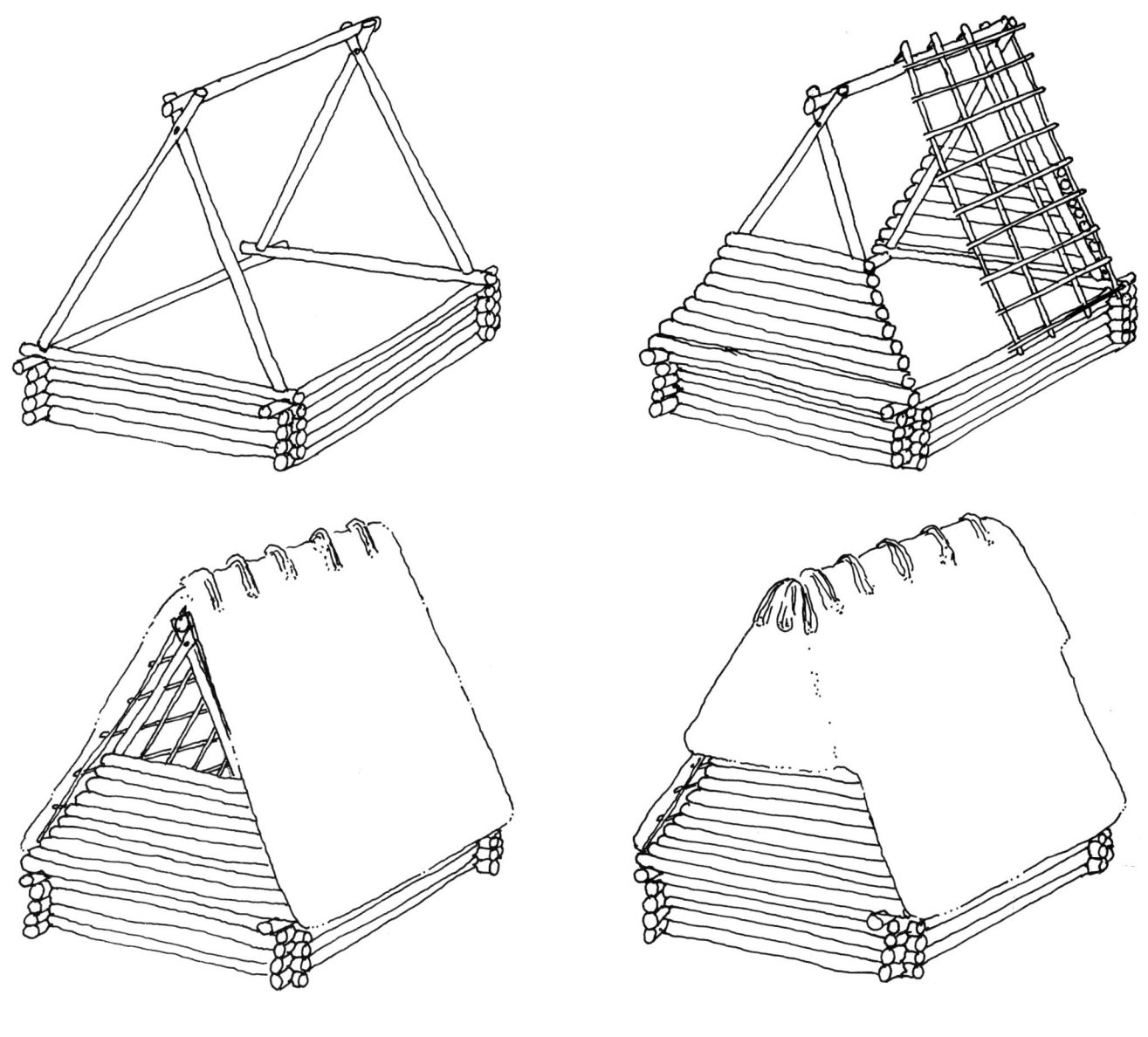

Abb. 72–75: Die Entwicklung des Schopfdaches auf dem in Ostkärnten üblich gewesenen Scherenpfettendach, das auch Sperrhaxndach genannt wurde. Die Rofenhölzer wurden am Firstbalken (Firstpfette) aufgehängt. Das offene Giebeldreieck ist mit Rundhölzern schwer zu schließen. Ein Strohschopf schließt das Giebeldach.

Abb. 76

Abb. 77

Abb. 78

Abb. 79

Abb. 77: Strohdach, Seis, Südtirol
Hier erkennt man deutlich die beiden unterschiedlichen Dachdeckungsarten und die damit verbundene Dachkonstruktion. Das Strohdach überm Stadel (rechts) mußte zwangsläufig steiler errichtet werden als das Legschindeldach (siehe auch Abb. 76) überm Wohnhaus. Dieses Nebeneinander zweier Typen ist in Südtirol noch häufig zu sehen. Im Getreideanbaugebiet Mittel- und Ostkärntens sowie in der Steiermark waren die Strohdächer noch um die Jahrhundertwende vorherrschendes Dachdeckungsmaterial. Mit dem Aufkommen der Kleinsägewerke um 1800 verdrängte die Bretterdeckung immer mehr das Strohdach, die Dachform des Strohdaches blieb jedoch bestehen.

Abb. 76: Legschindeldach, Hinterbichl, Osttirol
Die klobigen, schweren Lärchenschindeln werden lose auf die Unterkonstruktion gelegt. Daher darf das Dach nicht so steil sein, sonst rutschen die Schindeln ab. Das Dach wird in den hochalpinen Gebieten zusätzlich mit Steinen beschwert. Als einziges Gebiet der Alpen hat sich in Westkärnten dieses Prinzip nicht durchgesetzt.

Abb. 78: Bretterdach, Zell Pfarre, Ostkärnten
Das Bretterdach hat sich in den Karawankentälern, aber auch im Nockgebiet und den nördlich angrenzenden Teilen der Steiermark durchgesetzt. Die Bretter wurden geschnitten, wobei die Fasern verletzt wurden. Die dadurch verminderte Dauerhaftigkeit der oberflächigen Holzfasern wurde durch stärkeres Holz ausgeglichen (ca. 30 kp je m²). Die Dachform war wohl ursprünglich für ein Strohdach vorgesehen, mit Einführung der preiswerten Bretter wurde der Dachstuhl belassen und an Stelle des Strohdaches mit Brettern bedeckt.

Abb. 79: Spanschindeldach, Obstpresse und Speicher, Diex, Ostkärnten
Die feingeklobenen Spanschindeln wurden mit der Hacke händisch gespalten. Dadurch wurde die Faser des Holzes nicht verletzt, und die Haltbarkeit war mit etwa 40 Jahren relativ hoch. Im Gegensatz zum schweren Legschindeldach wurde es sehr dünn gespalten und wog daher nur ein Sechstel bis ein Achtel der Legschindel. Sein Gewicht betrug nur 6 kp je m². Es konnte daher nicht durch sein Eigengewicht liegen bleiben, sondern mußte durch Nägel an den Dachlatten befestigt werden. Das Dach wurde steil ausgeführt und hat hier einen über zwei Meter breiten Dachvorsprung, um geschützt arbeiten, aber auch um Geräte abstellen zu können.

Abb. 80

Abb. 81

Abb. 82

Abb. 83

Abb. 81: Flaches Satteldach, Heuhütte, oberes Ködnitztal, Osttirol
Das flache Dach entstand durch die Verwendung von Legschindeln. Während der untere Blockbau durch die Eckverbindung gehalten wird, werden die das Giebeldreieck schließenden Holzbalken durch fünf übereinanderliegende Pfetten bzw. Balken in ihrer Lage fixiert, die vorstehenden Köpfe sind deutlich zu sehen. Diese oberste Pfette ist die sogenannte Firstpfette.

Abb. 83: Schopfdach, innen, Lorenziberg, St. Veit, Ostkärnten
Die im Dreieck verlegten Rundhölzer (Sparren) würden ohne Fixierung in der Phase des Aufstellens umfallen. Daher dient die schräge Dreieckkonstruktion in Bildmitte, also im Schopfbereich, als Stabilisierung. An Stelle der heute üblichen Lattung wurden dünne Stangen als Unterkonstruktion für die Schindeln verwendet.

Abb. 80: Flaches Satteldach, Einhof, Obermauer, Osttirol
Dasselbe weiterentwickelte Prinzip wie in Abb. 81. Ein einziges mächtiges Dach über Stall, Scheune und Wohngebäude. Die Fixierung des Blockhauses im Giebeldreieck ist durch die sichtbaren Holzköpfe zu erkennen, die schließlich als Dachpfetten weit vorragen.

Abb. 82: Schopfdach, außen, Schuppen, Lorenziberg, St. Veit, Ostkärnten
Blick in den Schopfbereich.

51

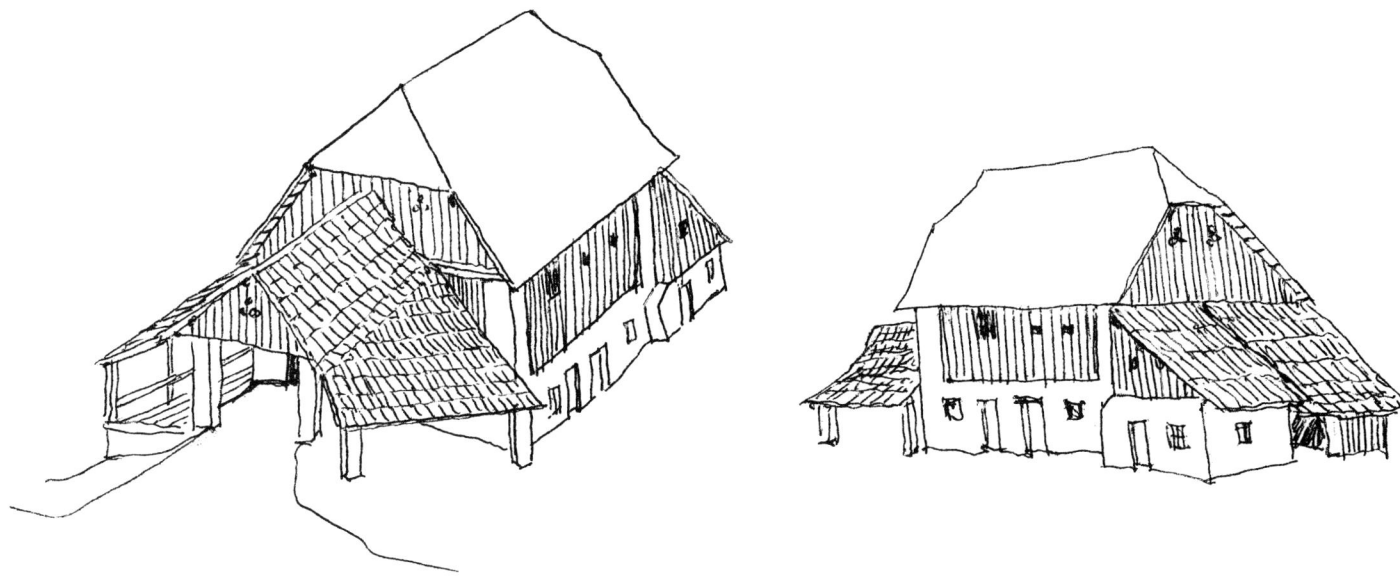

Abb. 84–89: Stadel, Lölling, Ostkärnten
Fünf Erweiterungen in Form von offenen Schutzdächern, gemauerten oder lose geschlossenen Räumen. Trotzdem ist das einheitliche Aussehen dieses Stadels gewahrt, da nur die Materialien Holz und Mauerwerk verwendet wurden.

bessert. Eine Möglichkeit war, die dritte Fläche, also den Schopf, tiefer anzusetzen, so blieb eine Öffnung, die sich in der Praxis gleich als Rauchabzug eignete, aber auch im Sommer der Durchlüftung diente.

Wieder war der so oft feststellbare Doppeleffekt entstanden, daß aus einer konstruktiven Not heraus gleichzeitig ein zweiter, bis dahin nicht vorhandener Vorteil entstand. Interessanterweise, und ich will es hier nicht verschweigen, bezeichnete Prof. Moser das Schopfdach als barocke Form in Kärnten und begründet dies durch die Einführung einer mittlings liegenden Pfette.*** Er befindet sich damit im Gegensatz zu meiner Erläuterung. Das Schopfdach ist schon wesentlich älter als die Barockzeit. Wir sehen es bereits auf Bildern und Zeichnungen von Breughel, Dürer u. a.

Wenn man vielfach der Meinung ist, daß der Dachstuhl in erster Linie bestimmend für die Dachform sei, so wurde dieser Irrtum mit der Dachdeckungsart widerlegt. Erst als man wußte, unter welcher Neigung und Voraussetzung Stroh oder Schindeln einigermaßen dicht sind, konnte auch die Art des Dachstuhles entsprechend durchgebildet werden. Selbstverständlich wurden in der Entwicklungsphase Dachstuhl und Dachhaut – wie Stroh, Schindeln und Ziegel – gleichzeitig nebeneinander erprobt, und dies Generationen hindurch.

War einmal eine Stelle im Dach durchlässig, so wurde ja nicht gleich der Dachstuhl erneuert, sondern man versuchte vorerst, so gut es ging, den Fehler zu beheben oder zu verringern. So lebten am Kalchberg oberhalb von St. Leonhard/Lavanttal durch etwa 200 Jahre die Bewohner mit einem wasserdurchlässigen Grabendach. Dies ist eine bei uns äußerst seltene Form. In diesem Fall wurde die notwendige Erweiterung des Hofes durch paralleles Aneinanderstellen zweier Satteldächer durchgeführt, wobei zwei Traufen aneinanderstießen und ein Dachgraben entstand. Erst seit der Verblechung dieser Stelle ist kein Wassereinbruch mehr zu beobachten.

53

Der Dachstuhl wurde in Osttirol und in Westkärnten als Pfetten- oder, wie man auch sagt, als Rofendach aufgestellt. Wird das Dach jedoch steiler, wie in Mittel- oder Ostkärnten und dem Steirischen, so eignete sich das Pfettendach nicht mehr in der alten Ausführung, und es wurde der Scherenstuhl verwendet. Heute hat sich fast überall das holzsparende Sparrendach durchgesetzt.

Zu Beginn des vorigen Jahrhunderts begann man die Höfe mit Ziegel, also hart, zu decken, und so sehen wir besonders im Tal oft mächtige Ziegeldächer. Die Ziegeldeckung setzte sich in Westkärnten wegen der zu flachen Dachneigung allerdings weniger durch.

---

* Oskar Moser: „Das Bauernhaus und seine landschaftliche und historische Entwicklung in Kärnten" 1974

** E. Hubatschek: „Bauernhöfe im südöstlichen Kärnten" 1970

*** Oskar Moser: „Das Bauernhaus und seine landschaftliche und historische Entwicklung in Kärnten" 1974

Anmerkung:

Trotzdem zweifle ich die Feststellung an, daß die Konstruktion des Schopfwalms in der Barockzeit ihre Verbreitung fand. Auf alten Stichen von Klagenfurt, so dem Merian aus 1649, aber auch auf den Vischer-Stichen der steirischen Burgen 1681, sehen wir immer wieder diesen Schopfwalm, der mindestens einige Jahrzehnte vor der Anfertigung der Stiche gezimmert worden war. Dies zeigen auch die Bilder von Breughel um 1500 und anderer Zeitgenossen deutlich. Aber dieses Wortgeplänkel Barockzeit oder nicht Barockzeit ist von sekundärer Bedeutung. Entscheidend scheint mir die Tatsache zu sein, daß der Schopfwalm sehr wohl tiefe konstruktive Gründe hat und keineswegs eine verspielte Form des Daches darstellt. Die wichtigsten davon sind:

1. Die oberste Spitze der Stirnwand eines Steiggiebels ist sowohl von der Mauerungstechnik her als auch im Blockbau technisch schwer zu schließen. Die Strohdeckung bot Abhilfe, indem ein „Schopf" über diese Öffnung gelegt wurde. Man sieht diese Art auch auf Bildern der alten holländischen Meister um 1500 – so bei Breughel.

2. Die schrägen Gratbalken bildeten eine Art Windverband, sicherten den Dachstuhl also gegen horizontale Kräfte (nicht nur Windkräfte) ab. Dazu kam, daß dadurch der Firstbalken wesentlich kürzer (um etwa 4–6 m) sein und daher aus einem Stück sein konnte. Auch dieser Umstand ist besonders für die Steifheit des Dachstuhles von Bedeutung.

3. Der vorstehende Schopf ist ein wesentlich besserer Wetterschutz für den (meist) darunterliegenden Balkon oder Gang gegenüber einem gleichweit vorstehenden steilen Giebeldach. Diese Schutzfunktion sieht man noch heute deutlich an den Troadkästen des Gurktales und seiner Anhöhen. Hier ist in der Regel die Eingangsseite mit einem Schopf versehen, während die abgewandte ein Giebeldach aufweist.

4. Die Behauptung, daß das Schopfdach nur mit der konstruktiven Einführung einer Mittelpfette möglich wurde, stimmt nicht. Ein Beispiel vom Lorenziberg (Foto 83) zeigt, daß ein Dachstuhl auch ohne Mittelpfetten mit einem Schopfdach ausgebildet werden konnte und daß die Konstruktion sehr einfach ist.

5. Als Nebenprodukt entstand dann die Ansatzlücke, die jedoch in Kärnten hauptsächlich im Nockgebiet anzutreffen ist. Der Umstand, daß an der Schopfspitze vier bzw. fünf Balken zusammentreffen und sicher verbunden werden müssen, ist konstruktiv schwierig. Durch Tiefersetzen der beiden Gratbalken wurde dieser Knoten entschärft, dadurch entstand jedoch eine dreieckige Öffnung unmittelbar unter dem First, diese wurde nicht geschlossen oder, besser gesagt, sie hätte nur sehr schwer geschlossen werden können, als das Strohdach dem Schindel- oder Bretterdach weichen mußte. So blieb diese Lücke offen, diente dem Rauchabzug, der Belüftung und Belichtung des Dachraumes.

Abb. 90

Abb. 91

Abb. 92

Abb. 93

Abb. 90: Holztür, Getreidekasten, Aich bei Weitensfeld, Ostkärnten
Das Türblatt besteht aus zwei Lagen Holz, die durch die schräge, fischgrätartige Verlegung der äußeren Schicht an Stabilität gewinnt. Es ist also nicht nur eine Konstruktion, die lediglich der Schönheit wegen ausgeführt wurde, wohl jedoch die an barocke Beispiele erinnernde Türeinrahmung. Das Querholz (Trischpl) im unteren Ende der Tür dient der Fixierung der Blockwand.

Abb. 92: Türriegel, Freibach, Ostkärnten
Nicht nur das Türblatt, sondern auch die Angeln und – wie hier – die Riegel wurden früher aus Holz hergestellt. Die Eisenvorkommen in Ostkärnten und in der Steiermark bewirkten jedoch, daß schon seit über 300 Jahren Eisenbeschläge zur Verwendung kamen.

Abb. 91: Holztür, Getreidekasten, Pisweg, Ostkärnten
Wuchtige, schmucklose Tür im Blockbau.

Abb. 93: Türrahmung, Sörgerberg, Ostkärnten
Dieser Sgrafittoschmuck aus dem Jahre 1587 zeigt deutlich den Einfluß der Hochkulturen, in diesem Fall der Renaissance, selbst in entlegensten Bauernhöfen.

Fenster
und Türen

Die Tür ist die wichtigste Verbindung zwischen dem Gebäude und der Natur. So war es in den Uranfängen des Hausbaues unserer Breiten. In der Folgezeit, als das Haus mehrere Räume bekam und besonders, als diese verschiedenen Nutzungen als Wohnung, Stall usw. dienten, wurden auch zwischen diesen die sogenannten Innentüren eingebaut. Zur Herstellung der Türen eignete sich nichts besser als das in so reichem Maße vorhandene Holz der nahen Wälder. So wurde die Tür zur Gänze aus Holz, und wir sehen noch heute an Stadeln oder untergeordneten Bauten hölzerne Griffe und Verschlüsse. Kaum mehr zu sehen sind die Angeln aus Holz. Diese waren durch die dauernde Beanspruchung sehr bald abgenützt und beschädigt und wurden durch solche aus Eisen ersetzt, welches in den Tälern der Steiermark und des östlichen Kärntens reichlich gefunden und verarbeitet wurde.

Es war nicht so einfach, in die Holzwand eine so große Öffnung wie die Tür einzubauen, denn die übereinanderliegenden Holzstämme hatten im Türbereich keine allzufeste Verbindung, im Gegensatz zur soliden Eckverbindung. Um der Wand Stabilität zu geben, wurde der unterste Balken nicht durchgeschnitten, er blieb auch im Bereich der Tür als sogenannter „Trischpl" liegen, über den man steigen mußte. Außerdem wurde die Türöffnung so klein als möglich ausgeführt. Eigenheiten, die überall im ländlichen Bauen, ob in China oder Afrika, zu gleichen Konstruktionen führten. Ich selbst habe einmal ein altes Bauernhaus ausgemessen und war erstaunt, daß die Türen zwischen 158 cm und 164 cm in der Durchgangshöhe aufwiesen; obwohl ich unzählige Male durch diese Türen ging, schlug ich mir nie den Kopf an, denn während des Drübersteigens über den etwa 15 bis 18 cm hohen Trischpl senkt man unbewußt den Kopf.

Mit diesem Trischpl erreichte man einen gewissen Schutz gegen Schnee und Wasser, aber auch Tiere wurden zum Teil abgehalten, bei offener Tür drüberzusteigen oder zu kriechen. Außerdem schlug das Türblatt unten an das Holz und war so besser gedichtet. Das Türblatt selbst mußte leicht sein, um es drehen zu können und die Angeln nicht zu sehr zu beanspruchen. Andererseits war die Gefahr gegeben, je dünner die Tür, umso leichter konnte sie sich verwerfen, was besonders bei der unterschiedlichen Feuchtigkeit von Innen- und Außenräumen häufig der Fall war. Daher mußte besonders ausgesuchtes Holz verwendet werden. Es bedurfte bereits großer Handfertigkeit, es herzustellen. So entstanden die ersten Bretter und Pfosten, während man für die Wand noch mit runden Balken auskam. Hier ist demnach die Trennung von Zimmermann und Tischler erfolgt, obwohl anfänglich noch alles vom Bauer selbst hergestellt werden mußte.

Senkrecht zusammengefügte Pfosten oder Bretter des Türblattes hatten die Eigenschaft, sich durch ihr Gewicht zu senken, dies umso mehr, je weiter sie von der Angel entfernt waren. Durch Aufsetzen eines schrägen Balkens oder schräge Anordnung der Bretter entstanden die uns vertrauten Türen, die sich nicht mehr einseitig senkten. Die Weiterentwicklung führte zu den sternförmig gestalteten Türblättern.

Während die Türen oder Türöffnungen schon bei den Urformen des Hausbaues notwendig waren, sind die Fensteröffnungen erst entwicklungsgeschichtlich später eingebaut worden. Sie dienten als Lichtquelle und zur Belüftung. Daß man somit auch aus dem Haus sehen konnte, war ein zusätzlicher Effekt und für die Erfinder dieser Öffnungen selbst eine solche Überraschung, daß das Fenster mehr konnte als Licht und Luft zu bringen, daß wir heute noch das Wort Luke, welches eher Lugkn ausgesprochen wird, verwenden. Und „lugn" heißt nichts anderes als schauen – durch

Abb. 94: Steinbichl, Wimitztal, Ostkärnten

Die Fenster der Stube sind nicht in gleicher Höhe, sondern versetzt angeordnet, dem Bedarf in der dahinterliegenden Stube entsprechend. Daß beim Mauerwerk die schwierige Gewölbetechnik in diesem Fall nicht angewandt wurde, zeigen die beiden unteren Fenster, wo beim rechten deutlich sichtbar ein Holzpfosten mit eingemauert wurde, um die darüberliegenden Steine zu tragen.

Acht verschiedene Öffnungen sitzen wohl dem inneren Bedarf entsprechend, aber anscheinend völlig ungeordnet in den Fassaden aus Mauer und Holz. Ein ganz eigentümlicher, einmaliger Eindruck entsteht.

die Wand schauen. Die Öffnungen waren sehr klein, es wurde je ein halber Balken fensterartig ausgeschnitten. „Ursprünglich wurde das Wandholz in ovaler Form ausgenommen."* Von außen konnte man natürlich nicht oder kaum ins Haus sehen. Aber auch hier ist etwas Bemerkenswertes zu erfahren: Für die ursprünglich noch fensterlose Zeit war es ebenso überraschend, wenn die Wand plötzlich solche Luken aufwies. Von außen sahen diese wie Augen aus und wurden „Windauga" genannt. „Window" heißt das Fenster noch heute im Englischen, wohl auch wegen der bereits beschriebenen ovalen Fensterform. Das Haus bekam sein Gesicht!

Eine spezielle Art der Lüftungsöffnung ist dann die Rauchluke. Sie war häufig über der Tür zu finden und konnte mit einem Schuber geschlossen werden. Aber auch in den Dächern waren Rauchöffnungen, so ist beim Schopfwalmdach Mittelkärntens die Rauch- oder Ansatzlücke so typisch, daß wir sie als Kärntner Eigenheit bezeichnen, die aber dem deutschen „Ulenlok" (Eulenloch) gleicht. Sie befindet sich am höchsten Punkt des Daches unterm First, wo die warme Luft ganz von selbst aufsteigt – und auch selbstverständlich der Rauch der damals noch offenen Feuerstelle oder des oben offenen Feuerhutes abziehen konnte. Das Setzen der „Lucken" an bestimmte, vorbedachte und notwendige Stellen der Wand war ein Merkmal der ländlichen Architektur. Die Fenster wurden nicht aus Symmetriegründen angeordnet, sondern dort, wo man Tageslicht brauchte. Man konnte es sich gar nicht leisten, beliebig viele Öffnungen in eine Wand zu geben; waren doch diese im Winter wegen der dauernd kalten Frischluft – Fensterglas gab es noch nicht – auch unangenehm.

So mußten diese Luken zumindest zeitweise geschlossen werden, der Fensterladen war erfunden, wenngleich ursprünglich als Schuber. Auch als es bereits Glas gab – das ist noch gar nicht so lange her –, blieben die Fenster klein, denn Glas war teuer und hatte die Eigenschaft, zerbrechlich zu sein. Erstes Glas gab es etwa im 17. Jahrhundert. So wurden die Fenster nach wie vor nur dort eingebaut, wo sie notwendig waren. Gerade diese Anordnung der Fenster gibt den ländlichen Bauten ihren besonderen Reiz.

Über die Fenstergröße hat Elfi Lukas im Buch „Das Umadumhaus" (Graz 1979) eine interessante Feststellung getroffen. Sie untersuchte das Gebiet im Bereich des Obdacher Sattels. Dort waren die Fenster etwa 50 cm groß, also fast quadratisch. Erst um 1900, spätestens aber 1939 waren die Fenster der Höfe erneuert und vergrößert worden.

Daß die Fenster quadratisch waren, zeigt wieder das Einfühlungsvermögen unserer Vorfahren. Abgesehen davon, daß das Quadrat gediegene Ruhe ausstrahlt und diese über die gesamte Wand verbreitet, ist das Fenster nicht genau quadratisch; es ist um die Spur höher. Uns aber erscheint es quadratisch, denn unsere beiden Augen lassen es breiter wirken, eine Tatsache, welche die Griechen schon bei ihren Tempelarchitekturen berücksichtigt haben.

Ist es nicht erstaunlich, was in unserer ländlichen Architektur verborgen ist?

Die Konstruktion der Fenster warf immer wieder Probleme auf. So mußte auf die technische Durchführung große Sorgfalt gelegt werden. Auch das fertige Fenster mußte gepflegt werden, damit es möglichst lange erhalten blieb. Die Fenster wurden eingelassen, später dann farbig gestrichen.

Durch die damit verbundene Farbgestaltung des Hauses wurden neue Akzente gesetzt, die beim Bauernhaus unserer Gegend erst etwa 150 Jahre alt sind. Die Farbe am Haus steht im engen Zusammenhang damit, dieses zu schmücken. So eigneten sich gerade die Fenster, um Kistchen oder Töpfe mit Blumen davorzustellen. Nicht wenige Fenster unserer Bauernhäuser sind mit Blumen nahezu gänzlich verdeckt. Immer wieder erfreut uns der Anblick der meist roten Begonien, Fuchsien, Geranien und Hängenelken, die nicht nur auf dem Platz vorm Fenster blühen, sondern auch auf Bänken an der Hauswand aufgestellt werden, als wären sie Mitbewohner des Hauses. Selbstverständlich ist auch der Balkon oder Gang, wie er genannt wird, im Bereich des Geländers ein geeigneter Platz, um Topfblumen zu halten. Blumen verblühen und müssen an frostfreiem Ort überwintert werden. Während der Frostzeit fehlte den Fenstern der Schmuck, und so wurden die Fensteröffnungen farbig gestaltet. Eigenartigerweise hat sich das Aufmalen von Blumengirlanden, wie wir es in Tirol und Salzburg so häufig sehen, in Kärnten und der Steiermark nicht entwickelt. Auch die plastische Gestaltung von Pflanzenmotiven fehlt. Seltene Beispiele von Malerei findet man noch im Lesachtal, eines mit plastischem Schmuck bei Ferlach.

Noch fehlt die Erklärung, warum diese Art der Farbgebung sich nicht durchgesetzt hat, obwohl gerade in Kärnten die Außenseiten der Kirchen und besonders die Bildstöcke mit Fresken und Bildern in großer Zahl versehen wurden.

Möglicherweise ist das Überwiegen des Holzbaues eine der Ursachen.

In unserer Zeit wurden die Fenster größer, manchmal zu groß. Die übergroßen Fensterflächen haben den Nachteil, daß sie im Winter zu stark abkühlen und dadurch der Raum ungemütlich wird. Im Sommer wieder werden die dahinter liegenden Räume aufgeheizt. Wie angenehm ist es hingegen, wenn man in eine alte Stube kommt: Im Winter ist sie warm, im Sommer doch kühl. Dazu geben die kleinen Fenster das Gefühl der Geborgenheit, wie es bei keinem großen Fenster gelingt. Man muß ganz deutlich darauf hinweisen, daß die moderne Bauweise nicht immer die Vorteile hat, die man ihr gerne zuschreibt. Man kann und soll unserer Zeit entsprechend bauen und gestalten. Gerade die ländliche Bevölkerung, die sehr einfühlsam zu bauen versteht, sollte diese Eigenschaft nicht modernistischen Formen und Konstruktionen opfern, mit denen man doch nicht restlos zufrieden sein wird.

---

* V. H. Pöttler „Österr. Freiluftmuseum", 1972

Abb. 96: Fenster, Sörgerberg, Ostkärnten
Das verglaste Fenster ist etwa 45×48 cm groß. Hier werden die beiden ausgeschnittenen Balken durch Dübel und den Fensterrahmen gehalten. Das Fenster selbst ist bereits eine Konstruktion, die den Hobel braucht, also normalerweise von einem Handwerker ausgeführt werden muß.

Abb. 98: Fenstereinrahmung, Wohnhaus, Obertilliach, Osttirol
Ein dauerhafter Schmuck war dann die Bemalung. Auch hier wurden bereits Pflanzenmotive übernommen. In Kärnten und in der Steiermark hat sich diese Malerei nicht durchgesetzt.

Abb. 97: Fensteröffnung, Nockalmgebiet, Mittelkärnten
Die ursprünglichste Art eines Fensters entstand dadurch, daß zwei Balken eines Blockbaues je zur Hälfte ausgeschnitten wurden. Wäre der Balken zur Gänze durchschnitten worden, hätte er keinen Halt gehabt oder er hätte durch eine relativ aufwendige Konstruktion fixiert werden müssen.

Abb. 99: Einhof, Sagritz, Mölltal, Westkärnten
Die Fenster werden mit Blumen geschmückt. Auch am Gang (Balkon) sind Hängenelken und Begonien aufgestellt. Nur im Bereich des Ganges ist die hölzerne Dachrinne angebracht. Blumen sind auch im kleinen Gemüsegarten, der durch einen engen Zaun vor Kleintieren geschützt wird. Das Haus mit Blumen zu schmücken, ist wohl die älteste Art der Verschönerung. In den Wintermonaten mußte darauf verzichtet werden.

Abb. 96

Abb. 97

Abb. 99

Abb. 98

Abb. 100: Rauchstube im Salzerhaus, Mittelkärnten, jetzt Freilichtmuseum Maria Saal
Die Fenster wurden aus der Wand geschnitten, wo sie gebraucht wurden. Zum Hinaussehen beim Tisch in Augenhöhe des Sitzenden, zur Belüftung, aber auch zur Belichtung des rückwärtigen Stubenbereiches in über 2 m Höhe aus der Blockwand geschnitten. Die Öffnungen konnten durch einen Schuber geschlossen werden, der aus einem Brett gefertigt war und auch als Laden bezeichnet wurde. Dieser Ausdruck wurde später für die Drehbalkenfenster übernommen, ebenso für herausziehbare „Laden" bei den Schränken.

Abb. 101: Rauchstube im Kramerhaus, Mittelkärnten, jetzt Freilichtmuseum Maria Saal
Die Trennung zwischen Fenster und kleineren Rauchluken ist deutlich. Man konnte aus den nunmehr größeren Fenstern sowohl sitzend als auch stehend hinaussehen. Der Tisch ist fast quadratisch, ebenso die Fenster. Da auch der Raum annähernd einem Quadrat gleicht, strahlt diese Stube eine bereits verlorengegangene Ruhe aus. Die umlaufende Bank verstärkt noch durch ihre horizontale Dimension diesen beruhigenden Effekt.

Die Stube

Wenn wir in eine alte Bauernstube treten, so spricht uns die Geschlossenheit und die für uns selten gewordene Einheit des Raumes und seine meist kargen Möbel besonders an. Die Stube als ursprünglichen Raum des Bauernhauses zu bezeichnen, ist jedoch grundfalsch. Entwicklungsgeschichtlich ist sie spät entstanden; denn andere Räume waren wichtiger, um den geregelten Ablauf auf dem Bauernhof zu sichern: Stall, Lagerräume und der Raum mit dem so notwendigen Herd, der ursprünglich eine Feuergrube warf (siehe Abb. 129).

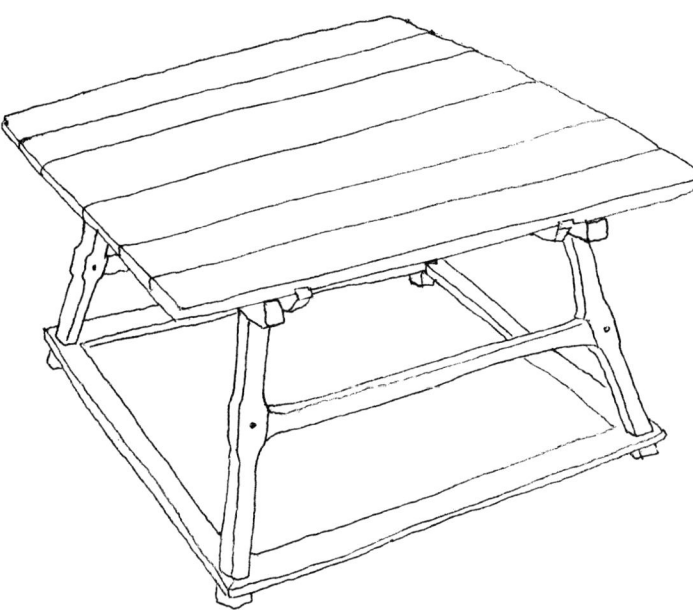

Abb. 102: Tisch, Ostkärnten
Der Tisch hat die Maße 105×128 cm, ein ähnlich aussehender aus dem weststeirischen Hügelland ist 127×136 cm groß, um deren beruhigend großen und horizontalen Tischplatte 8 bis 10 Personen Platz finden.

62

Erst mit der Feuerstelle wurde die menschliche Behausung zum Haus, und es ist bezeichnend, daß noch heute der Stall, die Scheune oder der Speicher landläufig nicht als Haus gelten, denn sie besitzen keine Feuerstelle.

Feuer und Haus sind in unseren Breiten aufs engste verbunden. Das Feuer wärmt nicht nur, sondern es bringt auch Licht in den Raum, ein Umstand, der in der Hausforschung vielfach vernachlässigt wird. Je kälter die Jahreszeit, also je länger man den ursprünglich offenen Herd heizen mußte, umso kürzer sind auch die Tage, und je kürzer diese sind, umso mehr Licht braucht man, um die wenigen Stunden des Tages verlängern zu können. Man muß erst begreifen, was es bedeutete, Licht in die Finsternis gebracht zu haben.

Das Feuer mußte daher auch geschützt werden. Wind, Regen und Schnee hätten das so mühsam erhaltene Feuer löschen können. Der Raum, das Dach boten Schutz und waren gleichzeitig in Gefahr, vom so geschützten Feuer vernichtet zu werden.

Der erste konstruktive Schritt zur Verminderung der Brandgefahr war der Funkenhut über dem Feuer, der zweite die Erfindung des geschlossenen Ofens. Die in Tirol aufkommende gemauerte Küche hat sich bei uns nicht durchgesetzt, denn hier war die Küche als getrennter Raum nicht vorhanden.

Das offene Herdfeuer war wohl das ausschließliche Merkmal der Küche, aber in unserem Gebiet war die Küche mehr als nur Kochstätte, sie war Arbeitsraum, „Eß- und Aufenthaltsraum", und nicht selten mit zusätzlichen Schlafgelegenheiten ausgestattet. So entstand die uns heute vertraute Form der Stube, wobei wir noch das englische „stove" (= Ofen) im Wort heraushören.

Die Küche oder die Stube war keineswegs der zentrale Raum des Bauernhofes. Der heutige Begriff des „Wohnens" war völlig fremd. Die Einheit des Bauernhofes brachte es mit sich, daß die wirtschaftliche Seite immer im Vordergrund stand: Der Speicher, der Stall waren wichtiger als die Küche oder die Stube. Die Zeit wandelte uns. Der Herd blieb, und der Ofen als Weiterentwicklung wurde dazugebaut, wenn auch häufig in der Form des Backofens. So entstanden die schönen Doppelfeuerstätten, wo Herd und Ofen in einem Stück gemauert sind. Lediglich in Osttirol sowie im Gail- und im Lesachtal blieb bis heute der Herd vom Ofen getrennt und zeigt deutlich die von Nordeuropa bis in den Süden reichende Grenzlinie zweier grundlegend unterschiedlichen Baukulturen. Während östlich dieser Linie die Rauchstube und ihre verwandten Formen anzutreffen waren – daher auch Herd und Ofen in einem Stück –, sind im Westen Küche und Stube und damit zwangsläufig Herd und Ofen getrennt.

In Kärnten und in der Oststeiermark war also die Rauchstube vorherrschend, und die Nachfolge trat die Wohnküche an. In unseren Tagen wird oft die Mischung von Kochen und Wohnen als nicht funktionell verworfen, doch bringt das reibungslose „Funktionieren" Aspekte mit sich, die auch gegen den Menschen, gegen sein Gefühlsleben oder gegen die Gemeinschaft gerichtet sind. Nicht anders ist es bei der funktionellen Trennung von Küche und Wohnraum. Der Kärntner, aber auch der Steirer wollen noch heute diese Trennung von Familienleben und Kochen nicht. Sie reagieren ihrer alten Tradition entsprechend, denn hier war die Rauchstube beheimatet. Mit geringen Ausnahmen waren dagegen im übrigen Österreich Kuchl und Stube getrennt. Ein Forschungsauftrag des Bundesministeriums für Bauten und Technik kam zu diesem interessanten, bis heute gültigen Ergebnis. Soweit die Tatsachen. Warum nun der Kärntner lieber in der Küche lebt, während es z. B. der Tiroler oder Salzburger ablehnt, geht daraus nicht hervor. Beide Möglichkeiten haben ihre Vor- und Nachteile. Der Kärntner hat sich für die Einheit von Kochen und Wohnen entschieden. Die Kinder sind unter Aufsicht der Mutter, der Mann, die übrigen Familienmitglieder und die Gäste halten sich dort auf. Schreibarbeiten, Bügeln, Nähen, aber auch die Freizeitbeschäftigung, wie das Kartenspiel und neuerdings das Fernsehen, finden hier statt.

Was macht den Reiz aus, wenn wir Menschen von heute eine alte Rauchstube betreten? Die Eingangstür ist niedrig und breit, der Raum aus Holz: Die Wände, die niedrige Decke, der Riemenboden. Die Ausmaße sind annähernd quadratisch, aber nie genau, und man bemerkt auch diese, den klassischen Regeln der Architektur widersprechenden Proportionen, wobei durchschnittlich Längen von 5,0 bis 6,5 m vorkommen. Die Fenster sind klein und fast immer an zwei Eckwänden ausgespart. Auch die Lage der Fenster ist verschieden, je nachdem, wie das Licht benötigt wurde – manche sind tiefer angebracht, z. B. in der Nähe des Tisches, manche höher, wenn der hintere Teil des Raumes aufgehellt werden sollte. Gerade die kleinen Fenster unterstützen die Wirkung des Raumes als abgeschlossenen Lebensbereich, und dies wird noch gesteigert durch die Verwendung von Holz. Aus Holz sind auch die umlaufende Bank, der große Tisch, die Truhe, das Gerüst der Asn zum Trocknen des Holzes, die Hühnersteige unter der Bank, der Pfannenhälter, das Regal fürs Geschirr. Die Ausnahme bilden der große gemauerte Herd mit dem Kobl oder Kogl, wie der Funkenhut genannt wird, und der angebaute Ofen oder Backofen, der meist von der Labn aus befeuert wird – also in Form eines Hinterladers gebaut wurde.

Wir müssen jedoch diesen Eindruck gesteigerter Harmonie – von der wir nur lernen können – auch einschränken. Vor allem darf man nicht übersehen, unter welchen einfachen, oft geradezu ärmlichen Verhältnissen gelebt wurde, und dies merkt man auch in der Rauchkuchl deutlich. Der Rauch des offenen Feuers, aber auch des Ofens war frei im Raum, der kaum gelüftet wurde. Die Rauchluken oberhalb der Tür oder im Fensterbereich waren nicht ausreichend. Dazu kam der Kochdunst, und der Kleintierstall unter der Umlaufbank ergänzte den oft scharfen Geruch.*

Trotzdem ist die Rauchstubn von ihrer Gestaltung her eine besondere Leistung bäuerlicher Architektur.

Neben dem tischartig gemauerten Herd mit der Feuergrube und ausreichender Abstellfläche sowie dem schwenkbaren Kessel möchte ich noch besonders den Tisch hervorheben. Dieser war nicht nur zum gemeinsamen Essen, sondern auch als Arbeitsplatte gedacht. Diese beiden Funktionen auf einen Nenner zu bringen, ist viel komplizierter, als man vorerst annehmen würde. Bei sitzender Tätigkeit soll die Tischplatte etwa 72 cm, bei der Arbeit im Stehen jedoch 85 cm hoch sein. Wie lange es dauerte, bis die

Abb. 103

Abb. 104

Abb. 105

Abb. 106

Abb. 103: Doppelte Feuerstätte im Kramerhaus, Mittelkärnten, jetzt Freilichtmuseum Maria Saal

Der einzige gemauerte Teil dieser Stube ist der offene Herd mit einem zusätzlichen Rauchofen links. Gegen den Funkenflug dient der Funkenhut, der unter der Decke sichtbar ist. Meist wurde der Rauch frei in den Dachraum abgeleitet, von wo er über Rauchluken (bzw. Ansatzluken) oder auch an der Traufe abzog. Dabei trocknete und konservierte dieser Rauch nicht nur im Dachboden befindliche Früchte, sondern auch das Stroh oder die Schindeln des Daches. Rechts zwischen Herd und Wand befindet sich ein Verschlag für Kleintiere.

Abb. 105: Rauchstube im Salzerhaus, Mittelkärnten, jetzt Freilichtmuseum Maria Saal

Im Gegensatz zu Abb. 103 ist der Herd nicht verputzt. Der Kochkessel kann mittels eines drehbaren Galgens vom Feuer weggeschwenkt werden.

Abb. 104: Kachelstube im Urchhaus, Ostkärnten, jetzt Freilichtmuseum Maria Saal

Auch hier ist die Stube annähernd quadratisch, jedoch wesentlich kleiner als jene im Kramerhaus (Abb. 101) und zeigt den Charakter der schmäleren Bauten Ostkärntens auch im Inneren. Der Ofen hat ein Trockengerüst. Verdeckt dahinter ist ein Bett mit einer ausziehbaren Bettlade, worin ebenfalls geschlafen wurde. Interessant ist, daß die Mauer bis auf Bankhöhe hinaufgezogen wurde und nicht unterm Fußboden endet. Diese Teilung der Wand in Mauer und Holz kam häufig vor.

Abb. 106: Ringhof, Ebene Reichenau, Mittelkärnten, jetzt Freilichtmuseum Stübing

Augenfällig ist der fast quadratische Tisch, und man bemerkt, daß die unteren Fenster wahrscheinlich um die Jahrhundertwende vergrößert wurden. Den Bereich des Holz-schubers zum Schließen des Fensters sieht man am hochliegenden und mittleren Fenster.

praktische Lösung gefunden wurde, wissen wir nicht, aber das Ergebnis ist überraschend einfach. Tischfüße wurden in etwa 13 cm über dem Boden mit umlaufenden Hölzern – sogenannten Tritten – verbunden. Dadurch bekam das Tischgestell unten eine größere Steifheit. Aber auch die Bänke waren um etwa 13 cm höher, so daß man im ganzen höher saß. Dazu kam, wie sooft, eine doppelte Wirkung: Die Füße waren, wenn man sie auf den Tritt stellte, wärmer als auf dem Boden. Die Fläche der Tischplatte ist groß und strahlt schon dadurch Ruhe aus. Dieser Umstand wird noch deutlicher durch die fast quadratische Form, wobei das geringste Breitenmaß bis etwa 1,05 m, aber nie unter 90 cm liegt. Die gebräuchlichsten Tischmaße sind 105×120 cm.**

Die typischen Proportionen des „Gerade nicht mehr"-Quadrates begegnen uns nach der Form der Stube also auch beim Tisch und später noch beim Fenster. Man könnte nun Untersuchungen anstellen, warum gerade dieses Maßverhältnis sich herausgebildet hat und uns beim alten Bauernhaus immer wieder auffällt, ganz im Gegensatz zur klassischen Architektur – wir finden es genauso in der Moderne, die den Goldenen Schnitt verwendet. Während der Goldene Schnitt ein annäherndes Verhältnis von 100:163 aufweist, ist die ländliche Idealproportion etwa 100:115. Beim direkten Vergleich dieser beiden Proportionen fällt mir auf, daß Flächen, die nach dem Goldenen Schnitt gestaltet sind, gefühlsmäßig „schön" wirken; das „Fastquadrat" aber als ersten Eindruck Ruhe ausstrahlt, wobei mit den nicht genau gleich langen Seiten des Quadrates ein Spannungsmoment hinzukommt, das diese Form für den Betrachter interessant macht.

Nicht nur die Einhaltung von Proportionen wirkte beruhigend, sondern auch andere Gestaltungselemente tragen dazu bei; da diese bereits an anderer Stelle erwähnt sind, seien sie hier nochmals zusammengefaßt:

1. Die einheitliche Verwendung des Materials, Holz für Wände, Decke, Boden und Möbel.

2. Von der Einrichtung her gibt es nur zwei Schwerpunkte in der Stube: den Herd-Ofen einerseits, und den Tisch in der meist diagonal gegenüberliegenden Ecke andererseits. Alle anderen Einrichtungsgegenstände ordnen sich diesen beiden Polen unter, abgesehen davon, daß die Möblierung sehr sparsam ist.

3. Die Umlaufbank als horizontale Struktur, wobei eigenartigerweise die gesamte Länge der Bank in der Praxis nicht notwendig war. Sie wurde dann nicht nur als Sitzgelegenheit, sondern auch zum Abstellen der Gefäße usw. verwendet.

4. Die meist niedrige Decke, wobei die Raumhöhe nicht selten zwischen 2,20 m und 2,40 m liegt.

5. Die horizontale Struktur der Blockwand.

6. Der durch die kleinen Fenster und die Einheit des Materials Holz nach „innen" gerichtete und dementsprechend nach außen abgeschirmte Raum.

7. Schließlich ist als wichtigstes und immer wieder feststellbares Gestaltungsformat das bereits oben ausführlich angeführte „Fastquadrat" anzutreffen.

---

* O. Moser, „Das Bauernhaus und seine landschaftliche und historische Entwicklung in Kärnten" 1974.

** Unterschied zum langen Tisch in Norddeutschland.

** Unterschied zum langen Tisch in Norddeutschland. Der quadratische Tisch war auch notwendig, da das Essen nur in einer großen Schüssel in der Mitte der Tischplatte stand, woraus alle aßen.

Abb. 107: Mühlrad, Maria Luggau, Lesachtal, Westkärnten
Schöne Holzarbeit mit Holznägeln. Die Gefahr des Rostens machte eiserne Nägel unbrauchbar.

Abb. 109: Sägewerk, Zell Pfarre, Ostkärnten
An den Bächen entstanden etwa vor hundert Jahren, teilweise auch früher, kleine Sägewerke, die – ähnlich wie die Mühlen – die Wasserkraft nützten, um vor allem Bretter herzustellen. Bretter als preiswerte Dacheindeckung und zur Herstellung leichter Wände (bei Stadeln, Schuppen) hatten sich vor etwa 250 Jahren in Mittel- und Ostkärnten durchgesetzt.

Abb. 108: Mühle, Maria Luggau, Lesachtal, Westkärnten
Zu den ländlichen Bauten gehören auch die vielfach abseits stehenden Mühlen. Jede Mühle diente in der Regel mehreren Bauernhöfen und war aus Holz oder auch aus Stein errichtet. Auf unserem Bild wird das Wasser über eine lange Rinne (Kandel) aufs Mühlrad geleitet.

Abb. 110: Mühle, innen, St. Lorenzen, Nockgebiet, Mittelkärnten
Mit Ausnahme des Mühlsteines ist alles aus Holz gefertigt.

Abb. 107

Abb. 108

Abb. 110

Abb. 109

66

Abb. 111

Abb. 112

Abb. 113

Abb. 114

Abb. 111: Rantenzaun, St. Lorenzen, Nockgebiet, Mittelkärnten
Die Stangen (Ranten) sind ohne weitere Verbindungsmaterialien zu einem Zaun
verlegt. Die gekreuzten Hölzer sind in den Boden gesteckt, daher stammt noch heute
das Wort „Stecken" für ein kurzes, rundes Holz.

Abb. 113: Bänderzaun, Reichenfels, Ostkärnten, Grenze Steiermark
Die Doppelstecken werden durch eingeweichte Ruten, die als Bänder verwendet
werden, verbunden. Auf der Wiese dahinter stehen Heuhiefel, wo um in den Boden
gesteckte Holzstangen (Ranten) Heu gehäuft wird, die einfachste Vorrichtung zum
Trockenhalten des Heues, bis es eingebracht wird. Die Ranten werden auch als Stecken
bezeichnet; man erkennt aus dem Wort noch die Tätigkeit, etwas in den Boden zu
stecken.

Abb. 112: Stein-Holz-Begrenzung, oberes Ködnitztal, Osttirol
Dieser sehr primitive Zaun, aus Steinen und Hölzern aus der unmittelbaren Umgebung
errichtet, ergänzt durch heckenartiges Buschwerk, ist noch sehr ursprünglich.

Abb. 114: Spitzzaun, Sörg, Ostkärnten
Dieser Zaun begrenzt hier einen kleinen Gemüsegarten. Der enge Abstand verhindert
das Eindringen von Kleintieren wie Hühnern oder Hunden. Die oberen Enden sind
wegen des leichteren Abrinnens von Wasser – man sieht, es ist auch kein Schnee
liegengeblieben –, aber auch gegen das Überklettern zugespitzt worden.

67

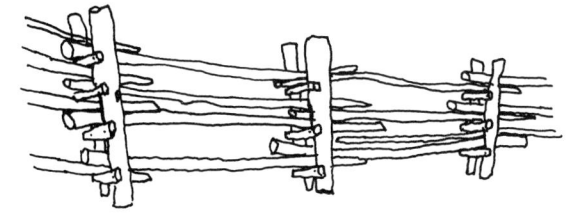

Abb. 115: Stangenzaun

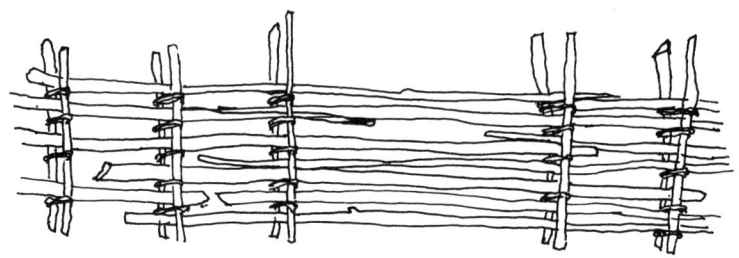

Abb. 116: Ringzaun (siehe Abb. 16)

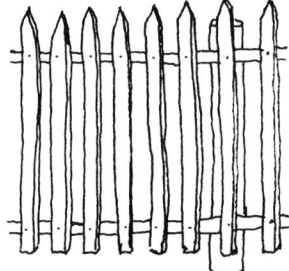

Abb. 117: Spitzzaun (siehe Abb. 114)

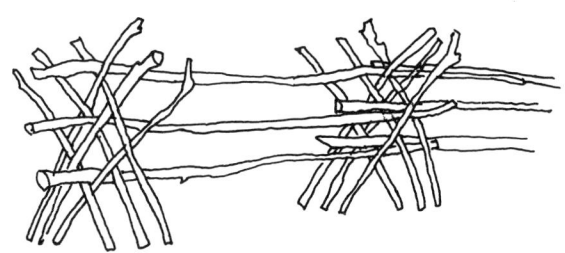

Abb. 118: Rantenzaun (siehe Abb. 111)

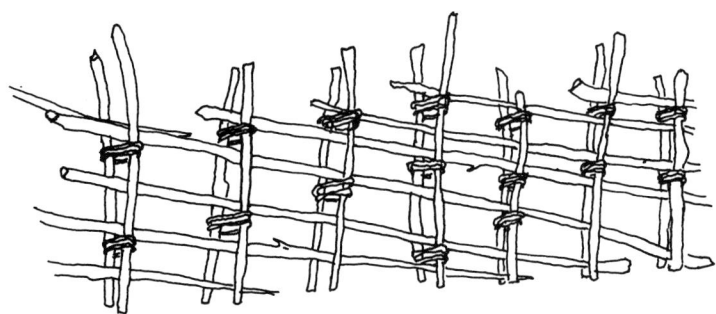

Abb. 119: Bänderzaun oder Schleudernzaun

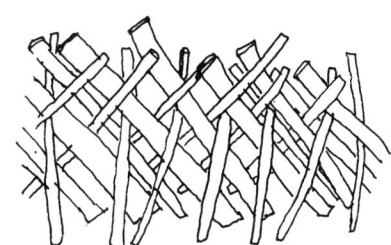

Abb. 120: Speltenzaun

Zäune und Einfriedungen

Der Hof besteht nicht nur aus Gebäuden, sondern, wie sein Name sagt, auch aus einer miteinbezogenen Freifläche. Diese wird zum Schutz manchmal zur Gänze mit einem Zaun umgeben, sehr selten auch mit einer Mauer. So sehen wir bei fast jedem Hof, daß das Haus nicht plötzlich in der Natur steht, sondern stufenweise in die Umgebung übergeht, als geschlossenes Haus, welches mit kleinen Fenstern nach innen gekehrt wirkt.

Davor dann die Laube und der Gang, beide befinden sich unterm Dach und sind gegen die Wiesen, Wälder und Berge hin offen. Und schließlich der Zaun, der den umgebenden Freiraum abgrenzt und auch gänzlich zur Umgebung überleitet; er ist gleichzeitig Grenze und Verbindung. Zäune wurden dann auch unabhängig vom Hof errichtet.

Die ursprünglichen Holzzäune werden durch solche aus Stacheldraht abgelöst. Immer häufiger sehen wir auch Elektrozäune.

„Manchmal findet man Holzzäune noch in ihrer altüberlieferten Form ohne einen einzigen Nagel: mit je zwei Schleudern (gewundenen Fichtenästen), der Ringzaun mit waagrechten, im Karawankengebiet auch mit schräg gestellten Brettern, Zaunüberstiege in allereinfachster Form sowie selbstverfertigte hölzerne Torverschlüsse und Angeln sind Reste aus der entschwindenden „Holzzeit", in der alles nur Erdenkliche aus Holz gemacht wurde. Sie zeugen von der Geschicklichkeit und einer gewissen Freude am „Werken in Holz", denn man findet selbst für so kleine, unscheinbare Dinge immer wieder andere und immer nette Formen."*

Prof. Oskar Moser macht darauf aufmerksam, daß in den alten Zäunen die „ältesten prähistorischen Traditionen der Holzbautechnik" erhalten sind. Wenn wir das Wort „Holz- oder Zaunstecken" aussprechen, bemerken wir kaum, daß damit die Tätigkeit verbunden ist, nämlich etwas ins Erdreich zu „stecken", und sind damit am Beginn der Holzbautechnik angelangt.

Eine besondere Art der Einfriedung sind die Hecken. Viel zu selten werden heutzutage noch solche lebenden Zäune gepflanzt, obwohl sie die Landschaft weithin sichtbar gliedern, dem Boden besonders in Hanglagen Halt gegen das Abrutschen geben und letztlich den Vögeln und Kleintieren Schutz und Nahrung bieten. Die am häufigsten bei uns verwendeten Heckensträucher sind die Haselstauden, aber auch Brombeerstauden, Holunder, Pfaffenkappeln und Hagebutten sind anzutreffen.

* Erika Hubatschek: „Bauernhöfe im südöstlichen Kärnten"

Abb. 121

Abb. 122

Abb. 124

Abb. 123

Der Bildstock und der Weg

Nicht selten ist beim Hof auch ein Kreuz oder Bildstock zu sehen. Das Kreuz ist aus Holz, der Bildstock gemauert. Beide sind mit dem Weg aufs engste verbunden. Meist stehen sie an einer Weggabelung und dienen nicht nur zur Orientierung, sondern auch zur Besinnung. Durch Kreuz und Bildstock bekommt der Weg eine doppelte Bedeutung: Er ist nicht nur Verbindung zwischen Höfen oder Orten, er ist ein Stück Lebensweg unserer Mitmenschen. Mit der Einbeziehung biblischer Ereignisse wird er auch zum Weg unserer Vorfahren und Christen im allgemeinen.

Trotz seiner geringen Größe setzt der Bildstock einen ganz bewußten Maßstab zur Landschaft oder zum Hof. Wir sehen dies besonders gut am Bildstock auf dem Schaidasattel.

So einfach ihre Gestalt, so vielfältig sind ihre Formen. Im Gegensatz zu den Häusern wurden die Bildstöcke bemalt, wobei diese Tradition bis heute aufrecht blieb, besonders in den letzten Jahren wurden viele Bildstöcke renoviert und neu gestaltet. Gerade am Beispiel der Bildstöcke kann man ersehen, mit welchen bescheidenen Mitteln man die Landschaft eindrucksvoll mitgestalten kann.

Durch Bildstock und Kreuz wird der Weg von der Natur sehr deutlich abgehoben und bekommt dadurch eine geradezu architektonische Bedeutung als gestalteter Weg. Selten ist der Weg nur befestigt, meist erkennen wir ihn schon von weitem durch Baumalleen, die ihn säumen, aber auch durch Zäune, die der Form des Weges folgen.

Es muß zum Nachdenken reizen, daß kaum einer der alten Wege schnurgerade ist. Sie schlängeln sich durch die Wiesen und Felder, über Bergrücken und durch den Wald. Obwohl der Weg zwischen zwei entfernt liegenden Höfen gerade sein könnte, windet er sich dahin, jede Bodenunebenheit wird ausgenützt, jedes Hindernis umgangen. Der Weg ist ein Fremdkörper in ihr, aber das Gleichgewicht zur Umgebung wird gewahrt. Kreuzten sich die Wege oder gabelt er sich, so steht meist ein weithin sichtbares Zeichen an dieser Stelle. Häufig ist es ein Baum, manchmal auch der beschriebene Bildstock.

Abb. 121: Bildstock, Gräbern, Lavanttal, Ostkärnten
Gemauerte Bildstöcke sind in Kärnten und Steiermark sehr häufig. Sie wurden – schon von weitem sichtbar – an Weggabelungen aufgestellt. Auch der Baum an solchen Kreuzungen hat dieselbe optische Aufgabe der Markierung. Nicht selten stehen beide – Bildstock und Baum – nebeneinander.

Abb. 123: Das hölzerne Wegkreuz kommt in den hochalpinen bzw. waldreichen Gegenden vor. Von Mittelkärnten ostwärts finden wir sowohl das Wegkreuz als auch den Bildstock. Hier ist ein besonders schönes Beispiel mit den Marterwerkzeugen der Kreuzigung. Ist es Zufall, daß an der Stelle, wo zwei Wege ein Kreuz bilden, auch das christliche Kreuz errichtet wird?

Abb. 122: Bildstock mit Haufenhof, Schaidasattel, Ostkärnten
Der Bildstock markiert den Weg und steht manchmal in enger Verbindung zum Hof.

Abb. 124: Kreuz, Bladen, Italien
Der Gekreuzigte an der Holzwand des Hauses – ein häufig vorkommendes Motiv.

Abb. 125

Abb. 126

Abb. 127

Abb. 128

Die Kirchen

Wo man sich auch im Lande befindet, man kann häufig eine der vielen Kapellen und Kirchen sehen. Von weitem schon erblickt man die Spitze ihres Turmhelms in einer Unzahl von Formen und Varianten und zeigen das hohe handwerkliche Können des Zimmermannes. Die zumeist weißgekalkten Mauern heben sich vom Grün und Braun der Umgebung oder dem Blau des Himmels deutlich ab, während im Winter die immer steilen Dächer* und Turmhelme schneefrei sind und dunkel vor der weißen Landschaft stehen. Ohne ihre Türme und Dächer wären unsere Berge und Täler um vieles ärmer.

Nur über Kärntens Kirchen könnte und sollte ein eigenes Buch geschrieben werden. Zu groß ist ihre Zahl, insgesamt gibt es hier rund 1000 Kirchen und Kapellen.

Wir müssen unterscheiden zwischen den Dorfkirchen und jenen, die meist allein auf Hügeln und Bergen gebaut wurden.

So ist in den Alpengegenden der Hügel und Berg als heiliger Ort fest verwurzelt, eine Eigenheit, die uns schon in Griechenland bei den Tempelanlagen der Akropolis begegnet. Bei vielen Kulturen können wir diese Gepflogenheit feststellen, in Japan genauso wie auf den Vorbergen des Himalaja. Die Berge waren heilig.

Auch die älteste Kirche Kärntens, das Peterskirchlein oberhalb von Friesach, steht, wie so viele andere, frei am Hügel oder besser am Felsen. Interessanterweise sind im Südalpengebiet viele Kirchen, die am Felsen stehen, dem heiligen Petrus geweiht. Dieses Peterskirchlein wurde 927 urkundlich erwähnt, aber schon vor 900 erbaut. Es stammt noch aus der Karolingerzeit, also vor der Romanik, in welcher schließlich eine rege Kirchenbautätigkeit begann, die sich dann bis in die Gotik fortsetzte. Viele dieser Bauten aus dem Mittelalter wurden während der Barockzeit mit Zwiebelhelmen ausgestattet und im Inneren umgebaut, wobei auch eine überaus große Zahl wertvoller romanischer und gotischer Fresken übertüncht oder zerstört wurden. Erst in unseren Jahrzehnten war es möglich, einen Teil dieser Fresken nicht nur freizulegen, sondern auch zu erhalten. Wie umfangreich diese Freskenfunde sind, beweist die Tatsache, daß allein in Kärnten mehr romanische und gotische Fresken zu sehen sind als in allen anderen österreichischen Bundesländern zusammen. Ein besonders schönes Beispiel gotischer Fresken sehen wir in der Kirche in Obermauern im Virgental/Osttirol.

Die Dorfkirchen standen in krassem Gegensatz zu den Bauernhäusern, sind sie doch aus Stein und meist geweißt, dagegen waren Wohnhäuser und Stadel zum Großteil aus Holz.

Dazu kam, daß Teile der Kirche auch außen bemalt waren, während die Bemalung an den Bauernhäusern doch sehr selten anzutreffen ist, wohl auch deshalb,

Abb. 125: Obermauer, Osttirol
Die breitgelagerten Häuser haben Dächer, die manchmal auch unter 30 Grad geneigt sind – mit einer Ausnahme: dem Kirchendach. Die Einheit des Dorfes ist sichtbar. Für die innere Einheit sind viele Komponenten von Bedeutung, so spielt zum Beispiel auch die Kirche und ihre weithin berühmten Wandgemälde als traditionelles Element und Stolz des Dorfes mitprägend hinein.

Abb. 127: Kirche St. Anastasia, oberes Drautal, Westkärnten
Ein sehr schönes Beispiel einer gegliederten bzw. immer wieder erweiterten Kirche mit einem kleinen Dachreiter aus Holz. Im Gegensatz zu Abb. 125 steht diese Kirche frei im Feld.

Abb. 126: Kirche Glantschach, Ostkärnten
Mit der Mauerungstechnik kann man runde Formen oder auch eckige herstellen, die in der Holztechnik praktisch nicht durchführbar sind. Durch den Holzbau wurden unsere ländlichen Höfe daher rechteckig gebaut. Der kreisrunde Karner steht hier im Friedhof, welcher die Dorfkirche umgibt. Besonders beeindruckend ist die Turmform, die aus einem kurzen, quadratischen Unterbau in eine achteckige Bekrönung übergeht. Interessant sind auch die Schallfenster, die sich genau an der Kante und nicht wie üblich in der geraden Mauerfläche befinden. Der schlanke Turmhelm hat eine Steinplattldeckung.

Abb. 128: Sörg, Ostkärnten
Ein ganz anderes Erscheinungsbild als auf Abb. 125 hat dieses Dorf überm Glantal. Mantel- und Schopfdächer wechseln einander ab, ebenso wie der Holz- und Steinbau. Trotz dieser Unterschiede ist die Einheit des Dorfes greifbar. Der Kirchturm als Wehrturm ist völlig freistehend – ein seltenes Beispiel – während die Kirche selbst einen Dachreiter hat.

weil auf Holz die Malerei nicht besonders hält.

Daß der Turm und mit ihm der Turmhelm eine besondere Bedeutung hatten, sehen wir besonders in den Dörfern. Dort ging es ja darum, dem Nachbardorf zu beweisen, daß man bessere Zimmerleute hatte oder einfach mehr finanzielle Mittel aufzubringen in der Lage war, um den Turm höher oder spitzer auszuführen als im nächsten Dorf, und man war stolz darauf. Der Turm wurde zum Schaffenssymbol des Ortes. Das sehen wir nicht nur in unserem Land, sondern es ist eine Erscheinung, die den Turmbau auf der gesamten Erde kennzeichnet und, fast möchte man sagen „beflügelt", so hoch wird manches Turmgebilde.**

Sind im Dorf die Türme aus dieser Konkurrenz heraus besonders auffällig, so sind die einsamen Kirchen am Berg selten mit besonders augenfälligen Türmen geschmückt; ein stumpfer Helm am Magdalensberg, ein bescheidener am Lorenziberg oberhalb von St. Veit an der Glan.

Noch eine Besonderheit soll erwähnt werden: Die Dreifaltigkeitskirche am Grey ist eine der ganz seltenen Holzkirchen, die in Österreich nur noch ein Gegenstück in Oberösterreich besitzt.

Wenn wir diese Kirche in Dreifaltigkeit – wie diese Gegend gerne genannt wird – sehen, so wird uns bewußt, daß Zimmerleute am Werk waren, und sie waren es auch bei all den Turmhelmen und Kirchendächern im Lande. Daher sind gerade die Kirchendächer anders konstruiert als die Dächer unserer Bauernhöfe. Diesen Umstand merken wir besonders augenfällig in Osttirol und im westlichen Kärnten, wo zwischen den flachen Dächern des Dorfes das steile Dach der Kirche herausragt.

---

* Das Kirchendach wurde immer steil errichtet, einerseits weil – wie angenommen werden kann – Zimmerleute tätig waren, andrerseits war das flache Dach nie ganz wasserdicht zu bekommen
** Krebitz: „Die Türme reden", 1978, Verlag Heyn

Das Dorf

Wenn von ländlicher Architektur die Rede ist und auch von Kulturlandschaft, so ist das Dorf ein wesentlicher Bereich davon. Während der Bauernhof die Einheit einer ländlichen Produktionsstätte ist, wäre es völlig falsch, im Dorf nur ihre Vielzahl zu sehen.

Die Vereinigung mehrerer Höfe zur Einheit des Dorfes hat einen tieferen Sinn. Die Bewohner werden zur Gemeinschaft. Selbst wenn sie unterschiedlicher Meinung sind, ja selbst, wenn sie streiten, dann eben durch das gemeinsame Streitobjekt. Die Vorteile gegenüber dem Einzelhof liegen auf der Hand: bessere Nachbarschaftshilfe, leichtere Bewältigung größerer Ziele, wie der Bau von Brücken und Wegen, günstigere Voraussetzung zur Spezialisierung von Handwerkern, wie Zimmerleute, Schmiede und Gastwirte.

Gerade beim Gasthaus erkennt man zusätzlich den erweiterten Bereich des Dorfes. Es ist der notwendige Treffpunkt der Dorfbewohner. Hier wurde Wichtiges und weniger Wichtiges besprochen, mit allem Für und Wider. Von hier kamen meist die entscheidenden Änderungen im Dorfleben. Man traf sich aber auch nur zur Unterhaltung, zum Tanz, zum Kartenspiel, zum Kegeln oder Eisstockschießen, wozu nicht selten der zugefrorene Dorfteich vom Schnee freigeputzt wurde.

Dieser oft durch einen künstlichen Damm errichtete Teich war ebenfalls ein Gemeinschaftswerk und diente in erster Linie als Löschteich. Die Brandgefahr war im Dorf selbstverständlich größer als bei Einzelhöfen. Denn brach in einem Haus das Feuer aus, war das gesamte Dorf in Gefahr, andererseits war die dörfliche Gemeinschaft wiederum leichter in der Lage, den Brand zu bekämpfen, als es die Bewohner eines entlegenen Hofes vermochten. Diesen blieb doch kaum Zeit, Vieh, Hab und Gut zu retten.

Trotzdem sehen wir an diesem Beispiel, daß das Zusammenleben in der Gemeinschaft auch seine Schattenseiten hat. Die Holzbauten innerhalb des Dorfverbandes waren besonders gefährdet und wurden meist durch massive Bauten ersetzt, dies war besonders nach einem Großfeuer der Fall.

So brannte zum Beispiel das „Hölzerne Viertel" der Weitensfelder Vorstadt in St. Veit/Glan im Jahre 1897 zur Gänze nieder; die Neubauten wurden bereits gemauert.

Aber nicht nur aus diesem Grund entstand im Dorf eine etwas veränderte Bauweise. Durch die doch beengten Platzverhältnisse mußten die Häuser aneinandergebaut werden. Zwar blieb in Kärnten das Haufendorf im großen und ganzen bestehen, das heißt, der Bauer legte weiterhin Wert darauf, um den Hof herum frei und unverbaut zu bleiben, doch war es insbesondere das aufkommende Gewerbe, das seine Häuser direkt aneinanderbaute, womit die Gasse oder der geschlossene Platz entstand.

Der Landwirt in den Kleinstädten jedoch ordnete sich der gänzlich veränderten Bauweise unter, und so sehen wir noch heute in Gmünd oder Bad St. Leonhard in der Gasse hinter den Bürgerhäusern die aneinandergereihten Bauernhöfe, ein für uns ungewöhnliches Bild – ganz im Gegensatz zu den burgenländischen oder niederösterreichischen Angerdörfern, wo ein ganz anderes landschaftliches System die Aneinanderreihung der Bauernhöfe zum Prinzip machte.

Das symbolische Zentrum des Dorfes war die Kirche, und sie war nicht nur in geistig-religiösem Sinn das Haus aller Dorfbewohner. Nach außen hin markierte der weithin sichtbare Turm den Ort. Dieser sollte sich von jenem der Nachbardörfer unterscheiden. So entbrannte nicht selten der Wettstreit, wer nun den höchsten, mächtigsten, spitzesten oder einfach schönsten Turm besitzt.

So war es wohl selbstverständlich, daß die Kirche der Ort der großen Feste und Feiern wurde, die dadurch zeremoniellen Charakter annahmen. Nicht nur der Kirtag sei hier erwähnt. Der Bewohner wurde durch die Taufe in die Gemeinschaft feierlich aufgenommen. Die Hochzeiten waren nicht immer so bunt und prächtig, wie wir es gerne der guten alten Zeit nachsagen. Selbst bei einem schlichten Begräbnis war der Abschied vom Toten ein nur vorübergehender, lag doch der Friedhof an die Kirche gedrückt in enger Beziehung zum Dorf. Tod und Leben waren sich näher, ein Umstand, den nicht nur namhafte Mediziner für weitaus sinnvoller halten als unsere heutige Einstellung zum Tod.

So hat das Dorf eine Vereinigung von drei Grundbestrebungen des Menschen verwirklicht. Diese Dreieinigkeit erkennen wir in den Dörfern aller Kontinente, in Asien genauso wie in Afrika oder Amerika: der Hof, das Gasthaus, die Kirche. In Afrika ist es der Hof, der Palaverbaum, wo sich die Männer unterhalten, und der Zeremonienplatz. Ein besonders schönes Beispiel sah ich in Wupatki, einem Pueblo in Arizona, wo etwa 900 n. Chr. etwa 300 Indianer in einem terrassenförmig angelegten großen Lehmgebäude wohnten – jede Familie in einer eigenen Zelle –, davor der kreisrunde Zeremonienplatz und etwas abseits ein elyptischer Platz für Spiel und Unterhaltung.

Das Bedürfnis und das Anliegen des Menschen gleichen einander, die Bauten dazu unterscheiden sich allerdings von Kultur zu Kultur.

Das Leben im Dorf brachte eine wesentliche Besserstellung gegenüber jenen, die abseits lebten. Diese Zusammengehörigkeit der Menschen wurde noch unterstützt durch das Schutzbedürfnis jedes einzelnen. So sehen wir noch heute in Gebieten Kärntens, die oft kriegerischen Einfällen ausgesetzt waren, befestigte Kirchenanlagen, sogenannte Wehrkirchen, wie z. B. in Diex, Grafenbach oder Greutschach. Andere Kirchen wieder erhielten zur Zeit der Türkeneinfälle Steindächer, um nicht so leicht in Brand geschossen werden zu können.

Unser Dorf von heute ist einem Wandlungsprozeß ausgesetzt. Straßenverkehr, Industrie und Technik stören die alte dörfliche Einheit. Unter Industrie wird im weitesten Sinne auch der Fremdenverkehr verstanden, wobei besonders die Bauten der Hotellerie häufig den Maßstab des Dorfes sprengen. Dazu kommt noch, daß die Fremdenverkehrsbetriebe nicht selten zwei Drittel des Jahres leerstehen und geschlossen sind.

Die Zukunft des ländlichen Bauens

Die ländliche Baukultur war und ist Ausgangspunkt und die wichtigste Grundlage unserer heutigen Baugestaltung sowohl aus funktioneller als auch aus technischer Sicht. Während man noch vor kurzem uneingeschränkt der modernen Technik vertraute, ist es nun zu einem Wandel in dieser Auffassung gekommen. Man beginnt in verstärktem Maße auch wissenschaftlich fundiert die naturbezogenen Bauernhöfe zu untersuchen und kommt auf zum Teil überraschende Feststellungen. Nicht nur der Ruhe ausstrahlende ländliche Bau ist ein wirkungsvoller Gegenpol zu unserer hektischen Lebensauffassung, sondern auch die verwendeten natürlichen Materialien werden von Medizinern eindeutig über die meisten unserer heute üblichen Baumaterialien gestellt. Man beginnt vom alten Bauernhaus zu lernen. Darin liegt rückwirkend auch die große Zukunft der alten Bauerntraditionen.

Zu den sogenannten gesunden Baustoffen gehören die ehemals so reichlich verwendeten Materialien Holz und der aus Lehm gebrannte Ziegel. Die Verwendung von Beton ist bereits umstritten. Tierärztliche Hochschulen in Deutschland haben schon vor Jahren festgestellt, daß in Betonställen gehaltene Schweine ohne Auslauf „an allen Lebenssystemen" geschwächt werden. Nun ist man wieder dazu übergegangen, diese Ställe aus Ziegeln zu errichten*. Und Dr. Palm spricht in diesem Zusammenhang von „Betonkrankheiten" bei Menschen und sagt darüber hinaus den verschiedensten Kunststoffen im Hausbau „vom äußeren Kunststoffputz bis zur Kunststofftapete" den Kampf an.

Was sagt mehr aus über das Wohlbefinden in Holzgebäuden als dieses Beispiel? Man kann zwar das Wohlbefinden nicht messen**, aber wir kennen das Gefühl des Unbehagens, wenn wir in einem Raum nahe einer kalten Wand sitzen; sie strahlt ab. Nun ist bei der Holzwand die Abstrahlung am geringsten, und darüber hinaus hat Holz den Vorteil, daß es Luftfeuchtigkeit aufnehmen und abgeben kann, es hat somit eine regulierende Eigenschaft. Das Raumklima, wie es in der Fachsprache heißt, ist ein wesentlich angenehmeres als bei anderen Baumaterialien.

Dieses Beispiel wird in ähnlicher Art auch vom wissenschaftlichen Leiter des „Internationalen Institutes für Baubiologie Rosenheim", Dr. Hubert Palm, bestätigt. In seinem Vortrag „Die Hauskrankheiten des Menschen" teilt er diese in Chemie-, Elektro- und Käfigkrankheiten ein. Alle drei hat unser altes Bauernhaus noch nicht gekannt: „Medizinisch betrachtet werden durch die Stahlbeton-Kunststoff-Bauweise die vier Hauptsysteme (1. Nervensinn, 2. Herz-Kreislauf, 3. Stoffwechsel, 4. Urogenitalsystem einschließlich Fortpflanzung) durch die Käfigwirkung schwerstens geschädigt." Soweit Dr. Palm.

Dadurch bekommt das alte Bauernhaus einen besonderen Aspekt, nämlich den eines Wegbereiters für ein gesundes Bauen.

Über all dem darf und kann auf die Entwicklung des Bauernhauses nicht vergessen werden.

Die Zukunft des ländlichen Bauens hat drei wesentliche Bauaufgaben zu bewältigen:

Das Erneuern bestehender Bauernhöfe oder Teile derselben.

Den Neubau von Bauernhöfen oder einzelner ihrer Gebäude.

Der Neubau von Einfamilienhäusern oder gewerblich genutzter Bauten (z. B. Hotels) innerhalb des ländlichen Siedlungsgebietes.

Bei jeder baulichen Maßnahme im ländlichen Bereich müssen wir berücksichtigen, daß die moderne Technik, beginnend bei den landwirtschaftlichen Maschinen bis hin zur Bautechnik, und die wirtschaftlichen und funktionellen Methoden unserer Tage gegenüber den alten Bauweisen teilweise tiefgreifende bauliche Änderungen erforderlich machen. So sind wir in einer zwiespältigen Situation: Einerseits müssen wir mit der Zeit gehen, andererseits soll altes Kulturgut – und die Bedeutung ländlicher Kultur wird in immer stärkerem Maße anerkannt – erhalten werden. Nun wäre mit der Feststellung das Problem abgetan, daß die moderne Technik im Dienste der Landwirtschaft die stete und immer schon vorhandene Weiterentwicklung im ländlichen Bauen mit sich bringt.

Leider aber hat die Technik im weitesten Sinne durch ihre stürmische Entwicklung – ein Ende dieser ist nicht abzusehen – manche Fehlsteuerungen erfahren. Am meisten betroffen davon ist der Mensch selbst, der einer gestörten und teils sogar zerstörten Umwelt gegenübersteht, dem darüber hinaus durch den Verlust der Tradition der Boden entzogen wurde, um selbstgestaltend tätig sein zu können. Damit hat er kaum die Möglichkeit einer Selbstverwirklichung. Psychologische Schäden sind die Folge.

Wir können lediglich diesen Umstand aufzeigen, und wir müssen ehrlich sein, daß eine generelle Lösung dieser Probleme nicht möglich ist. Wir können jedoch im bescheidenen Rahmen Hinweise geben, und vielleicht fallen sie auf fruchtbaren Boden, gerade in einer Zeit, in der ein generelles Umdenken nicht nur traditionellem Bauen gegenüber festzustellen ist. Auch dem Aufgabenbereich der ländlichen Bevölkerung wird immer mehr Verständnis entgegengebracht, wobei neben der Nahrungsproduktion im besonderen Maße die Tätigkeit als Erhalter des Erholungsraumes und der ökologischen Umwelt Beachtung findet.

1. DAS ERNEUERN BESTEHENDER BAUERNHÖFE UND EINZELNER TEILE DAVON

Es ist selbstverständlich, daß der Hof in der Form, wie er noch vor 100 Jahren stand, heute den Anforderungen nicht mehr entspricht. Also sind Änderungen notwendig und sind mehr oder weniger bereits durchgeführt.

Eine der wichtigsten Veränderungen spielte sich sicher im Wohnbereich ab. Der Sparherd, die Elektrifizierung, die Einleitung von Wasser und damit verbunden die Installation von WC und Bad haben die Räume verändert bzw. konnten im vorhandenen Haus teilweise nicht mehr untergebracht werden. Dazu kommt, daß die überwiegend vorkommenden Holzteile des Hauses mit den neuen Wasserinstallationen technische Probleme mit sich brachten.

Bei zukünftigen Umbauten sollte folgendes beachtet werden:

a) Wenn es irgendwie möglich ist, sollte man das Wohnhaus oder den Wohnteil erhalten. Gerade dies ist in zweierlei Hinsicht wertvoll: zum einen, weil die alten, bestehenden Wohnbauten nur in ganz wenigen ähnlichen Exemplaren vorhanden sind und dadurch eine besondere Eigenheit darstellen, zum anderen, weil diese eine Ruhe ausstrahlen, die wir heute meist vermissen, aber dringend brauchen. Das Bauernhaus als Wohnbau ist einfach viel zu schade, um ihn wegzuwerfen oder verfallen zu lassen. Selbstverständlich müssen Um- und auch Zubauten durchgeführt werden. Daß dazu viel Einfühlungsvermögen notwendig ist, ist verständlich. Gerade hier kann der Bewohner wesentlich mitgestalten und soll nicht nur blind die Vorschläge des Architekten oder Baumeisters akzeptieren. In meiner Praxis als Architekt ist es mir immer wieder vorgekommen, daß mir der Bauherr wichtige Argumente und Denkanstöße gegeben hat, sei es, daß die Räume in anderer Reihenfolge gewünscht wurden, oder sei es, daß die Kostenvoranschläge zu teuer waren und man zu Lösungen kam, die letztlich besser waren als der ursprüngliche Bauplan.

Noch ein Vorteil hat diese Mithilfe des Bauherrn: Der Bau wird individuell auf ihn und seine Wünsche zugeschnitten, wobei der Bauherr auch das Gefühl hat, entscheidend mitgewirkt und nicht nur einen Plan und ein Haus, sei er oder sei es noch so sorgfältig gestaltet, gekauft zu haben.

b) Die Meinung, daß Holzbauten minderwertig sind, habe ich in den vorangegangenen Kapiteln widerlegt. Ganz im Gegenteil: Vom medizinischen Standpunkt aus ist Holz jedem anderen Material vorzuziehen.

c) Das Gesicht unseres Bauernhauses wird durch seine Fenster geprägt. Sie wirken wie Augen. Sicher wird es da und dort notwendig sein, diese zu vergrößern. Aber es sollten nicht alle – ob notwendig oder nicht – verändert werden. Auch das kleine Fenster hat seinen Reiz, strahlt im Raum weniger Kälte ab als große Fenster und ist in Zeiten der Energiekrise großflächigen Fenstern weit überlegen.

Man sollte beim neuen Einbau von Fenstern darauf achten, daß die vorhandenen Proportionen nicht gestört werden. Im allgemeinen heißt es, daß man annähernd quadratische Fenster verwenden soll, wobei eine Fensterteilung durch Sprossen anzustreben ist. Dadurch entsteht ein besserer Übergang von bestehenden kleinen Fenstern zu den größeren neuen.

Schließlich sollte man die neuen Fenster ruhig dorthin setzen, wo sie notwendig sind, d. h. eine symmetrische Fassade wäre zu vermeiden oder, besser gesagt, sollte nicht angestrebt werden.

d) Das Dach wirft eigene Probleme auf. Die wenig vorhandenen Schindeldächer werden kaum in Holz erneuert, weil die Versicherungen nach wie vor auf dem überholten Standpunkt stehen, daß dadurch die Brandgefahr wesentlich erhöht wird. Hier muß von der Bauernschaft in besonderer Eindringlichkeit eingewirkt werden, daß die Versicherungen ihren Standpunkt ändern. Ein Schindeldach hat ein eigenes Leben, und man sollte es verwenden, wo immer es möglich ist. Blechdächer und die gewellten Harttafeldächer stören unsere Umwelt; das Handwerkliche fehlt. So bleiben noch die Ziegel- und Kunstschieferdächer, die teils durch ihre kleingliedrige Form dem Dach unserer Gegend eher entsprechen. Gerade bei den Schieferdeckungen könnten von den Erzeugerfirmen andere, geeignetere Formen gefunden und vertrieben werden. Hier kann noch eine große Marktlücke geschlossen werden.

e) Die Dachform sollte bei bestehenden Objekten nicht verändert werden. Erweiterungen durch Abschleppungen des Daches sind immer schon wesentlicher Bestandteil der ländlichen Architektur gewesen.

2. DER NEUBAU VON BAUERNHÖFEN ODER EINZELNER TEILE

a) Während man einen Teil des Hofes, also einen Stadel, ein Wohnhaus oder den Schuppen relativ häufig neu errichtet, ist es äußerst selten, wenn ein Hof völlig neu gebaut werden soll. Gerade bei einem solchen Vorhaben sollten die funktionellen und betriebsinternen Beziehungen der einzelnen Gebäude oder Gebäudeteile eingehend und neu durchdacht werden. Es wird sich ein nach diesen Gesichtspunkten errichteter neuer Hof in manchen Teilen von den vorhandenen Höfen wesentlich unterscheiden. Ich möchte es hier klar niederschreiben, daß es eine Weiterentwicklung auch in der ländlichen Bauweise geben muß. Offen bleibt noch die zweifellos notwendige Einordnung in die Höfe der Umgebung.

b) Vorrangig und wichtiger als die meist oberflächlich gedachte Einordnung durch gleiche Dachformen u. ä. ist die Weiterführung ländlicher Baukultur. Diese besteht hier in erster Linie aus den Materialien Holz und Mauerwerk, dieses meist verputzt und geweißt. Da sich diese Materialien nach wie vor in hohem Maße für das individuelle Bauen eignen und bei den Höfen in der Nachbarschaft ebenfalls vorkommen, wäre mit ihrer Verwendung ein erster wichtiger Schritt zur Eingliederung in die Umgebung getan.

Die Ausnützung des Kontrastes von Holz und Mauer, die Verwendung kleingeteilter, annähernd quadratischer Fenster und die regellose, asymmetrische, aber ausgewogene Fassadengestaltung zeigen erst die Ausdrucksmöglichkeiten einer ländlichen Architektur. Diese zu nützen wäre ein wesentliches Ziel.

Neue Ideen wie moderne Holzbinder bereichern den bereits vorhandenen Formenreichtum. Moderne Materialien wie z. B. fremde Dachdeckungsplatten oder großflächige Fenster stören dagegen das einheitliche Aussehen.

c) Für die Wohnbauten sollten nicht städtische Einfamilienhäuser kopiert werden. Es gibt soviel wertvolle Beispiele und es wurden durch Jahrhunderte Wohnräume erprobt und haben dadurch eine Entwicklung durchgemacht, daß es schade wäre, wichtige Erkenntnisse nicht zu beachten. Das Bauernhaus soll ein individuelles Gebäude sein und nicht den unzähligen Einfamilienhäusern zum Verwechseln ähnlich sehen. Man muß die Verbindung zum Hof herauslesen können. Warum soll man auf die große Stube verzichten, warum auf die quadratischen Fenster? Der große Vorraum hat schon von der praktischen Seite her seine Notwendigkeit und wird anders aussehen als bei einem Einfamilienhaus im Stadtgebiet.

Gerade beim Wohnbau gilt es, von den alten Bauernhäusern zu lernen und mit den erprobten neuen Erkenntnissen zu verbinden.

d) Stadel, Schuppen, Scheunen sind der geänderten technischen Bewirtschaftung unterworfen und müssen laufend dieser angepaßt werden.

Auch hier muß mit viel Einfühlungsvermögen die neue Situation gemeistert werden. Der Charakter des Hofes soll nicht gebrochen werden. Ein ausgewogenes Verhältnis von Holz zu Stein ist anzustreben.

e) Wir wissen heute aus Beispielen anderer Länder, daß die Bauernhöfe von der Funktion und somit auch vom Aussehen her einem industriellen Gebäude immer ähnlicher werden. Je mehr sie sich dieser Form nähern, umso kurzlebiger und maschineller werden die Gebäude und Einrichtungen; d. h. Produktionsmethoden, die heute Gültigkeit haben, können im nächsten Jahr durch andere Maschinen oder durch einen geänderten Markt hinfällig sein. Die Baulichkeit eines Hofes müßte völlig anders und neu errichtet werden. Daher ist auch die menschliche Bindung an solche Gebäude eine lose – ganz im Gegensatz zu der althergebrachten und bei uns üblichen.

Solche modernen Höfe haben auch ihren Charakter und sind interessant. Diesen vollmaschinellen Höfen ist aber auch eigen, daß sie den Standort ändern müssen, je nach Produktionsart und Produktionsmethode. Dazu sind eher die weiten landwirtschaftlichen Flächen geeignet und nicht unser Land, welches von der Struktur her einer industriellen Bewirtschaftung höchstens in der Forstwirtschaft entspricht. Andererseits wird uns in Zeiten wirtschaftlicher Krisen gezeigt, daß die industrielle Produktion generell schwerer betroffen ist als jene in kleinen Betrieben.

So hat unser Bauernhof absolut seine Berechtigung innerhalb der weltweiten Erzeugung landwirtschaftlicher Güter.

3. DER NEUBAU VON EINFAMILIENHÄUSERN UND ANDERER GEWERBLICH GENUTZTER BAUTEN IM LÄNDLICHEN GEBIET

Wenn im ländlichen Gebiet andere Bauten errichtet werden, so erhebt sich immer die Frage, sollen diese an den vorhandenen Baucharakter – ich sagte bewußt nicht „Baustil" – angepaßt werden, sodaß keine Störung der vorhandenen Bausubstanz erfolgt. Dies ist sicher die schwierigste Entscheidung, die eine Gemeindebehörde zu treffen hat, und sie wird leider oft von wirtschaftlichen Überlegungen geleitet und weniger mit dem Fingerspitzengefühl, welches unsere Vorfahren in so reichem Maße hatten. Hier bin ich allerdings sicher, daß uns dieses „Gespür" nicht verlorengegangen ist.

Daher sollte prinzipiell folgendes beachtet werden:

a) Diese fremden Neubauten sollen nicht verstreut errichtet werden, sondern in konzentrierter Form, sodaß die vorhandenen Höfe so wenig wie möglich gestört sind. Dies ist auch im Sinne der Flurbereinigung.

b) Die neuen Gebäude entlang einer Straße in Parzellen im rechten Winkel und im Spalier aufzustellen, widerspricht allen „Regeln" ländlichen Bauens. Die wichtigste Regel ist die vorerst ins Auge springende Unregelmäßigkeit. Erst bei Erforschung der Hintergründe erkennt man, daß es sich bei alten Bauten sehr wohl um ein Bauen nach Regeln handelte – allerdings auf einer ganz anderen Entwicklungsebene. Die Grundregel ist die, daß die einzelnen Bauten nicht im rechten Winkel zueinander stehen, sondern immer die Geländeform ausgenützt wird, um die Gebäude entsprechend aufzustellen.

Würde bei neuen Bauten dieser Grundsatz befolgt werden, wäre eine wesentlich abwechslungsreichere, charaktervollere Verbauung möglich. Mit der besseren Geländeausnutzung ist auch eine beträchtliche Einsparung durch die heutzutage mit Schubraupen so reichlich durchgeführten Geländeverschiebungen und Neubepflanzungen verbunden.

c) Diese neuen Baugruppen sollten ihrerseits eine einheitliche Baugestaltung haben. Diese kann meiner Meinung nach völlig modern sein, obwohl ich weiß, daß ich mich hier im Gegensatz zu manchen Behörden befinde. Man sollte sich immer vor Augen halten, daß unsere Märkte und Städte schon im Mittelalter in vielen Bauformen sich wesentlich von jenen der Bauernhöfe unterschieden haben: Steinbauten statt Holzbauten sowie manchmal steilere Dächer waren die Hauptunterscheidungsmerkmale. Jedenfalls erscheint mir eine Verbauung nach modernen Gestaltungsprinzipien sinnvoller zu sein als ein nachgeahmter Tiroler Stil zwischen Steildachhöfen Kärntens oder der Steiermark.

Sollte eine neue Baugruppe im Aussehen den umliegenden Höfen angeglichen werden, so genügt es meiner Meinung nach nicht, lediglich ähnliche Dächer aufzusetzen. Hier muß auch das Verhältnis Holz zu Stein ähnlich sein, die beruhigende quadratische Fensterform und manches mehr.

d) Die Baukörpergröße soll jenen der bestehenden Höfe entsprechen. Riesige Baumassen wie manche Hotels stören nicht nur die Nachbarschaft, sondern beherrschen je nach Sicht und Lage ein Gebiet mit einer Ausdehnung von 10, manchmal sogar 50 km².

Zusammenfassend ist festzustellen, daß die ländliche Architektur einen hohen kulturellen, aber auch einen wirtschaftlichen Wert besitzt. Man soll bestehende Bauten keinesfalls wahllos durch Neubauten ersetzen. Es ist nachgewiesen worden, daß in vielen Fällen der Umbau bzw. Zubau zumindest des Wohnhauses billiger war als der totale Neubau. Das Ziel soll vielmehr sein, das Alte, Traditionelle mit unserer modernen Technik und gewandelten Ansprüchen sinnvoll zu verbinden. Dazu ist allerdings Ideenreichtum notwendig.

Neue Bauten sollen die bestehenden Höfe nicht stören und daher in genügendem Abstand und in Gruppen errichtet werden. Diese gruppenartige Aufstellung soll mit viel Einfühlungsvermögen vorgenommen werden. Eine Aneinanderreihung, wie man sie häufig sieht, ist in der Regel falsch.

Schließlich sollen die Neubauten mehr als bisher dem Gelände angepaßt werden. Die vorhandene Geländestruktur soll nicht zerstört werden; darunter verstehe ich auch im weitesten Sinn den Baum- und Strauchbestand der Umgebung. Daher sind fremde Bepflanzungen zu vermeiden. Auch das ist letztlich Schutz der Umwelt.

---

* Palm: „Die Hauskrankheiten des Menschen"
** Versuch, das Wohlbefinden oder Behaglichkeit zu messen, siehe: „Technopress Baumagazin" 4/1980

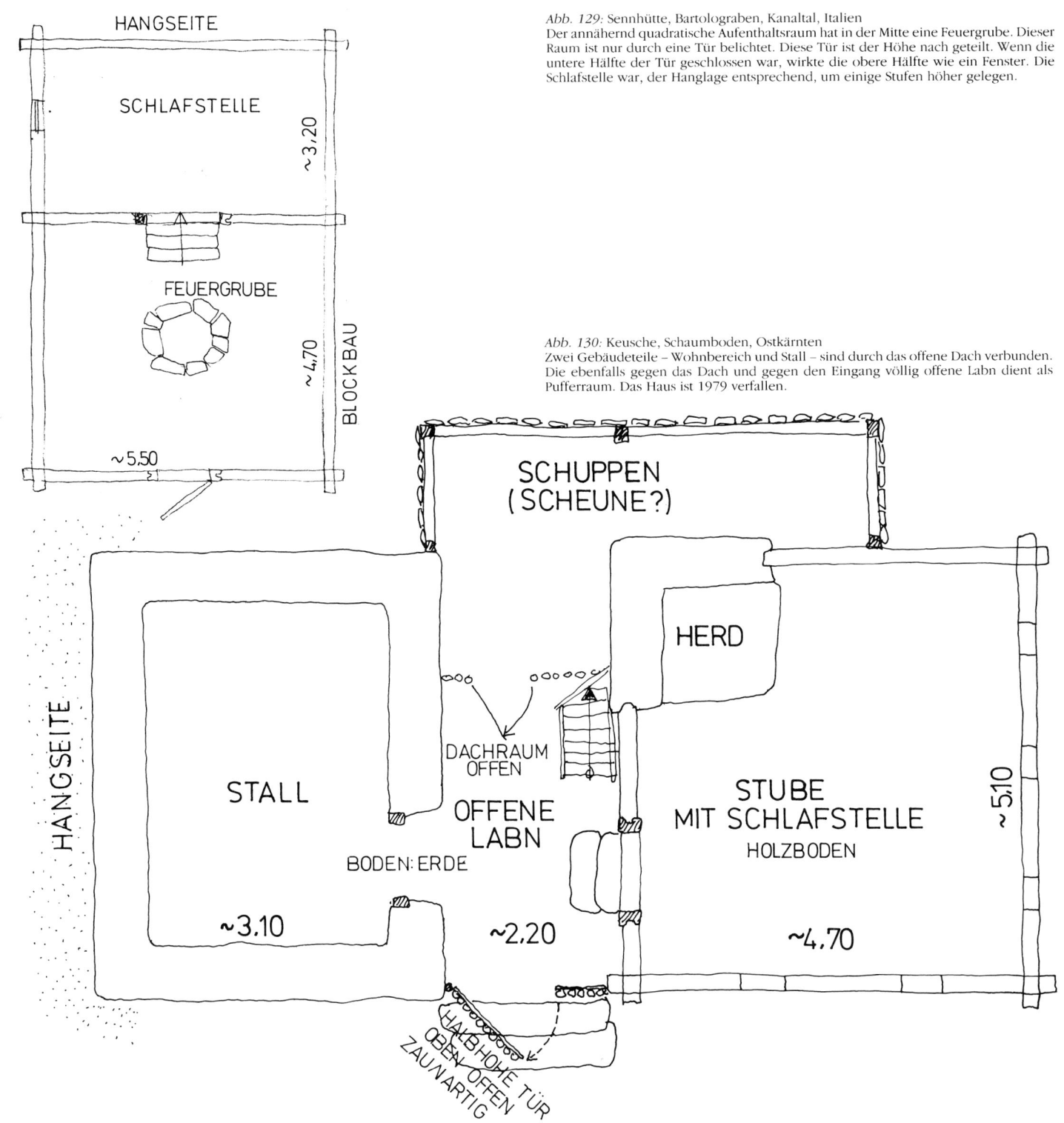

HANGSEITE

SCHLAFSTELLE

~3,20

FEUERGRUBE

~4,70

BLOCKBAU

~5.50

Abb. 129: Sennhütte, Bartolograben, Kanaltal, Italien
Der annähernd quadratische Aufenthaltsraum hat in der Mitte eine Feuergrube. Dieser Raum ist nur durch eine Tür belichtet. Diese Tür ist der Höhe nach geteilt. Wenn die untere Hälfte der Tür geschlossen war, wirkte die obere Hälfte wie ein Fenster. Die Schlafstelle war, der Hanglage entsprechend, um einige Stufen höher gelegen.

Abb. 130: Keusche, Schaumboden, Ostkärnten
Zwei Gebäudeteile – Wohnbereich und Stall – sind durch das offene Dach verbunden. Die ebenfalls gegen das Dach und gegen den Eingang völlig offene Labn dient als Pufferraum. Das Haus ist 1979 verfallen.

SCHUPPEN
(SCHEUNE?)

HERD

HANGSEITE

STALL

DACHRAUM
OFFEN

OFFENE
LABN

BODEN: ERDE

~3.10

~2.20

STUBE
MIT SCHLAFSTELLE
HOLZBODEN

~5,10

~4,70

HALBHOHE TÜR
OBEN OFFEN
ZAUNARTIG

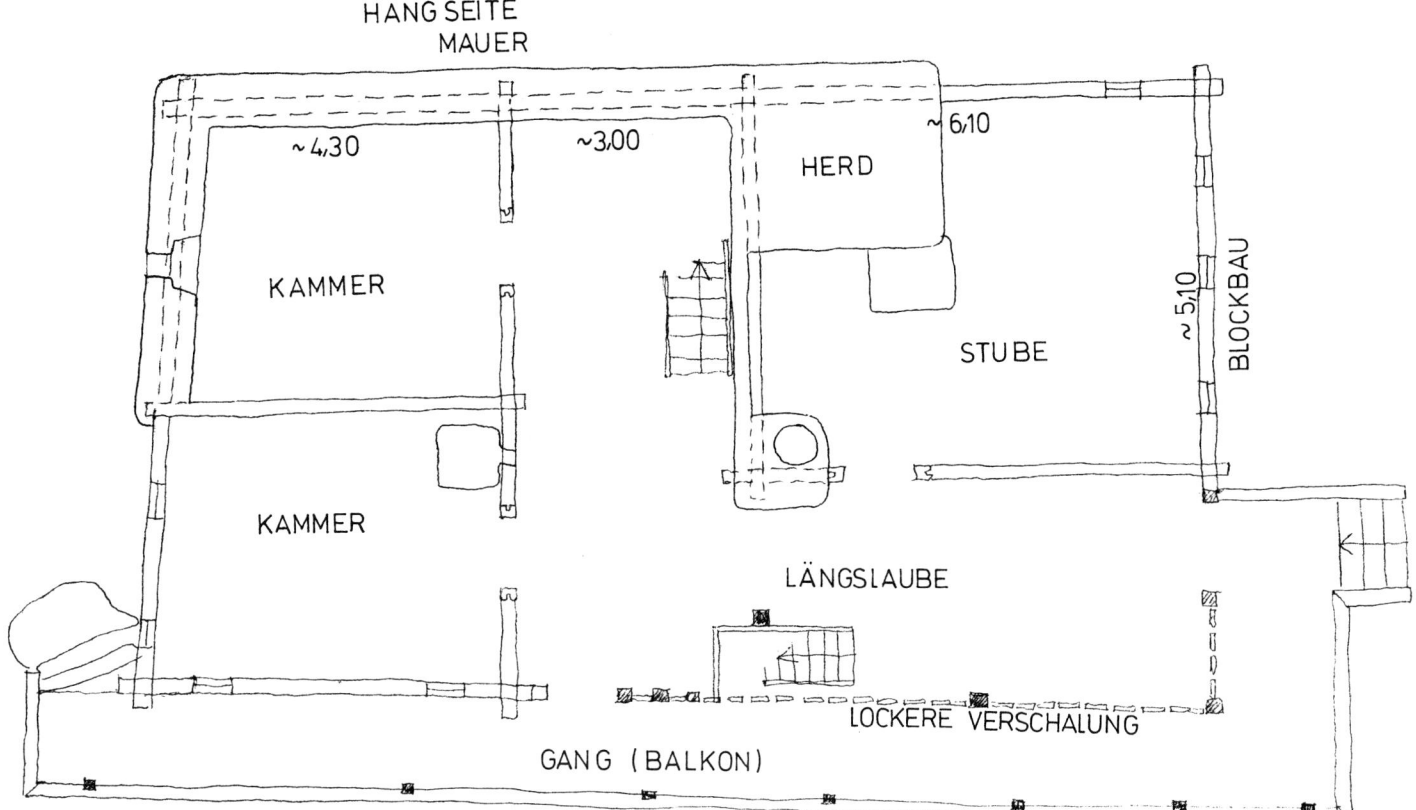

HANG SEITE
MAUER

~ 4,30   ~ 3,00   ~ 6,10

KAMMER   HERD

BLOCKBAU

~ 5,10

KAMMER   STUBE

LÄNGSLAUBE

LOCKERE VERSCHALUNG

GANG (BALKON)

Abb. 131: Rauchstubenhaus in Engelsdorf ob Zweinitz/Gurktal (nach Dr. O. Moser 1960: „Das Bauernhaus und seine landwirtschaftliche und historische Entwicklung in Kärnten" 1974). Es ist „das älteste historische und anlagemäßig faßbare Bauernhaus Unterkärntens.

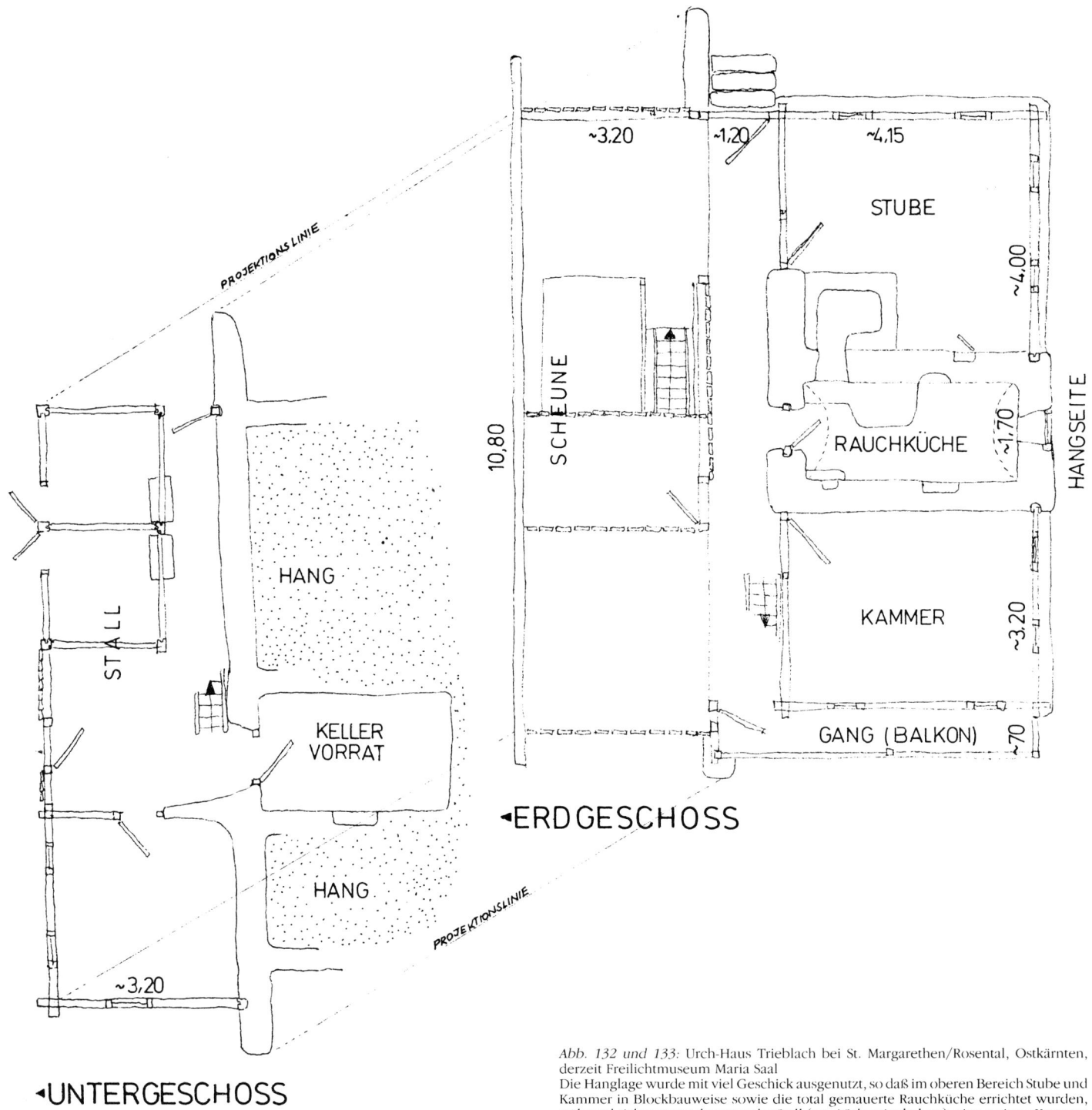

PROJEKTIONS LINIE

~3,20 ~1,20 ~4,15

STUBE

SCHEUNE

10,80

STALL

HANG

RAUCHKÜCHE

~1,70

HANGSEITE

~4,00

KELLER VORRAT

HANG

KAMMER

~3,20

◄ERDGESCHOSS

GANG (BALKON) ~70

PROJEKTIONSLINIE

~3,20

◄UNTERGESCHOSS

Abb. 132 und 133: Urch-Haus Trieblach bei St. Margarethen/Rosental, Ostkärnten, derzeit Freilichtmuseum Maria Saal
Die Hanglage wurde mit viel Geschick ausgenutzt, so daß im oberen Bereich Stube und Kammer in Blockbauweise sowie die total gemauerte Rauchküche errichtet wurden, während sich versetzt darunter der Stall (zwei Schweinekoben), eine weitere Kammer und etwa unter der gemauerten Rauchküche ein in den Hang gegrabener Vorratskeller befinden.

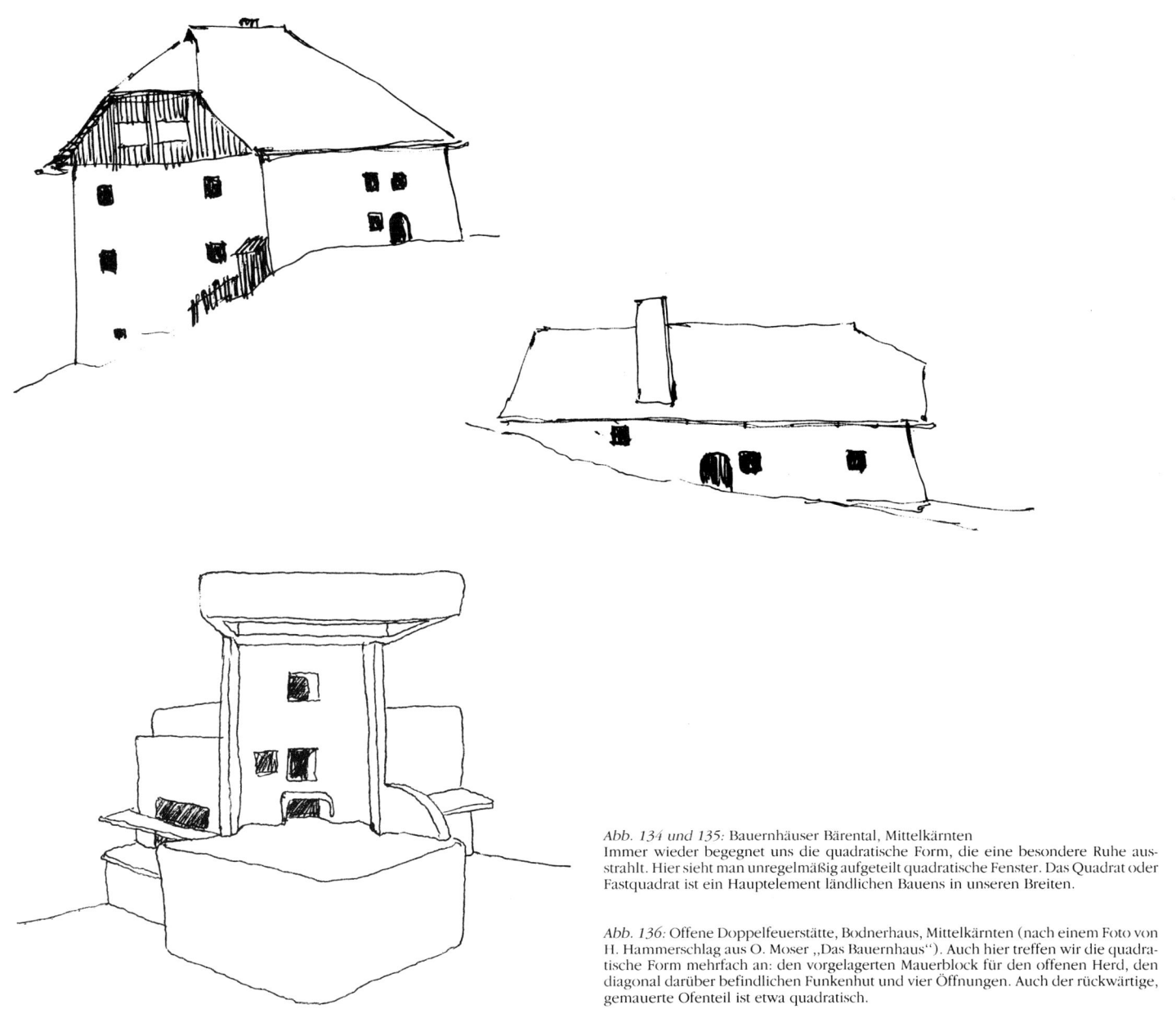

Abb. 134 und 135: Bauernhäuser Bärental, Mittelkärnten
Immer wieder begegnet uns die quadratische Form, die eine besondere Ruhe ausstrahlt. Hier sieht man unregelmäßig aufgeteilt quadratische Fenster. Das Quadrat oder Fastquadrat ist ein Hauptelement ländlichen Bauens in unseren Breiten.

Abb. 136: Offene Doppelfeuerstätte, Bodnerhaus, Mittelkärnten (nach einem Foto von H. Hammerschlag aus O. Moser „Das Bauernhaus"). Auch hier treffen wir die quadratische Form mehrfach an: den vorgelagerten Mauerblock für den offenen Herd, den diagonal darüber befindlichen Funkenhut und vier Öffnungen. Auch der rückwärtige, gemauerte Ofenteil ist etwa quadratisch.

Abb. 137: Einhof, Obermauer, Osttirol

Der Bauernhof ist ständigen Änderungen unterzogen. Unter anderem sind zwei Haupt-
gesichtspunkte dafür ausschlaggebend. Einerseits ist es die ewige Suche nach der
idealen Form – im engen Zusammenhang mit der Funktion des Gebäudes; andererseits
sind Erweiterungen am Hof notwendig. Ein sehr schönes Beispiel des Suchens nach der
idealen Form begegnet uns in Obermauern, wo nebeneinander drei verschiedene
Hofformen ihren Standort haben: Der hier gezeigte Einhof, bei dem kurze Wege
innerhalb des Gebäudes als Vorteil zu werten sind. Die Brandgefahr ist schon deshalb
hoch, weil Wohn- und Wirtschaftsteil zu gleicher Zeit gefährdet sind, im Gegensatz zu
getrennt stehenden Bauten.

Abb. 139: Paarhof mit Verbindungsgang, Obermauer, Osttirol

Der Nachteil des freien Hofes zwischen den Gebäuden wurde durch einen Verbindungsgang verbessert. Der Abstand zwischen den beiden Gebäuden beträgt sieben
Meter. Die beiden Extreme, das Wirtschaftsgebäude und das Wohnhaus entweder unter
einem Dach oder getrennt zu errichten, hat alle Kulturen der Welt, die Landwirtschaft
betrieben, beeinflußt. Dieses Thema ist bis heute noch nicht erschöpft und gibt
Erneuerungsbestrebungen immer wieder Impulse.

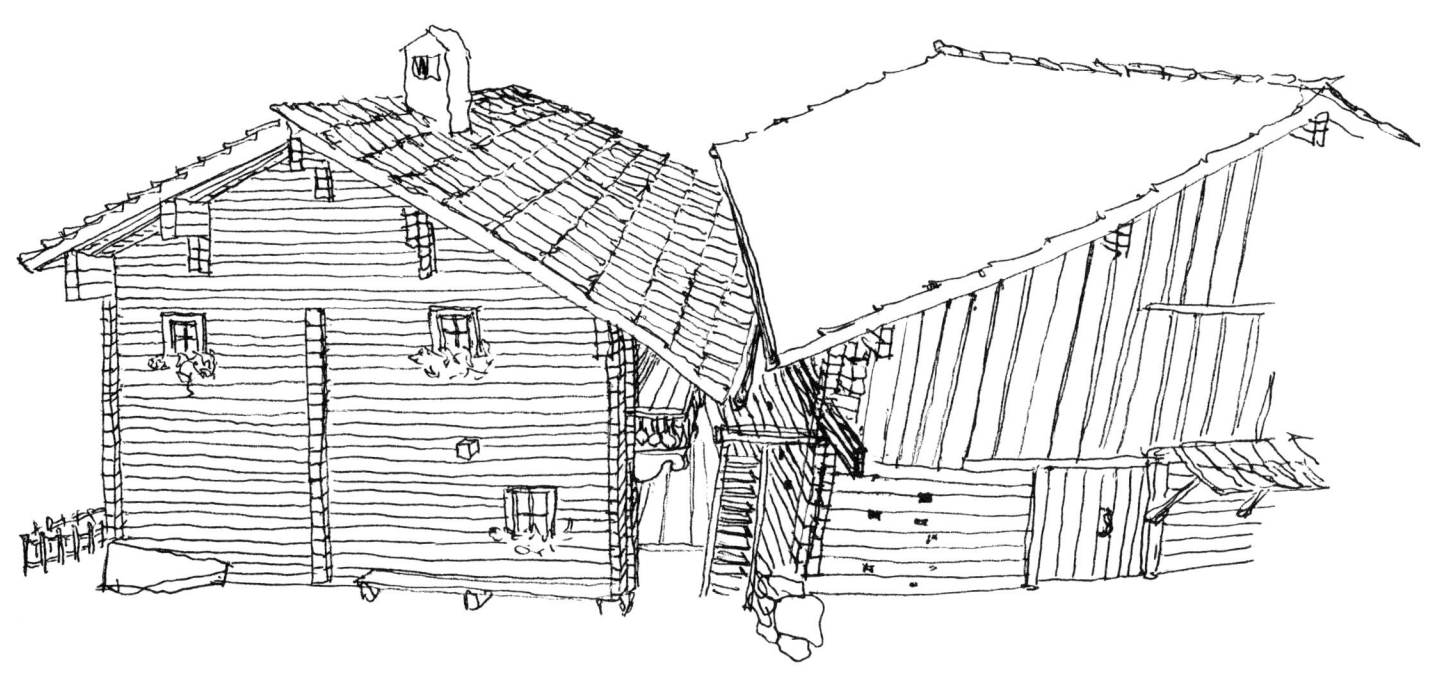

Abb. 138: Paarhof, Obermauer, Osttirol
Mit einem Abstand von nur zwei Metern hat dieser Hof fast gleich kurze Wege wie der vorher gezeigte Einhof, die überstehenden Dächer bilden dazu einen Regen- und Schneeschutz. Durch den Zwischenraum ist ein etwas verbesserter Feuerschutz gegeben.

Abb. 140–142: Paarhof, Wiederschwing, Mittelkärnten

Jeder Hof muß erweitert werden. Das eine Mal ist es ein zusätzlicher Schuppen, dann wieder ist der Wohnteil zu klein. Gerade diese Anbauten sind in der Hausforschung stiefmütterlich behandelt worden. Sie prägen letztlich viel mehr das Aussehen eines Hofes als das sehr oft durch solche Erweiterungsbauten bereits verdeckte ursprüngliche Kerngebäude. Das hier gezeigte Wohnhaus ist die gewaltige Vergrößerung eines sehr kleinen Stammgebäudes. Doch ist es bezeichnend, daß es ins große Haus mit einbezogen wurde. Ein Teil des Daches konnte verwendet werden. Man sieht auch, daß der anschließende Blockbau eine andere Struktur hat, ebenso das Obergeschoß, welches nunmehr die Hälfte des Kernbaues überdeckt und etwa beim ehemaligen First endet. Doch auch diese Erweiterung reichte im Laufe der Jahre nicht aus, und ein weiterer Zubau wurde errichtet, wobei der neue Dachteil leicht angehoben werden mußte. Dies ist ein sehr schönes Beispiel, wie trotz der behutsam vorgenommenen Erweiterung die Einheit gewahrt wurde.

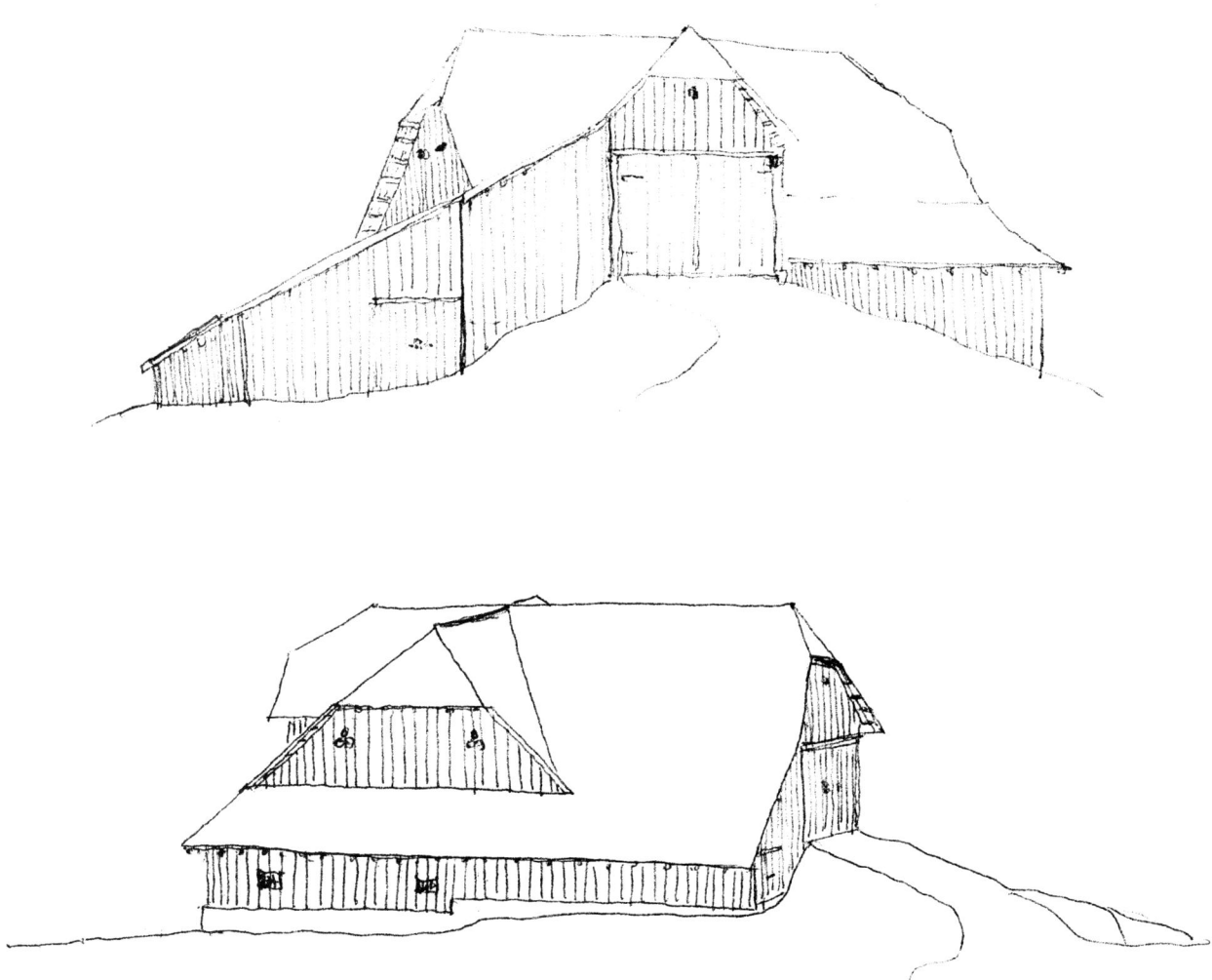

Abb. 143–144: Stadel, Preitenegg, Ostkärnten
Drei Erweiterungen lassen das Hauptgebäude zumindest von diesen beiden Blickpunkten aus fast völlig verschwinden.

Abb. 145: Stadel, Vellach, Ostkärnten
Der Endpunkt einer solchen Entwicklung ist die totale Einhüllung bzw. Überdachung
des unteren Bereiches, wie es bei diesem Stadel in seltener Klarheit zu sehen ist.

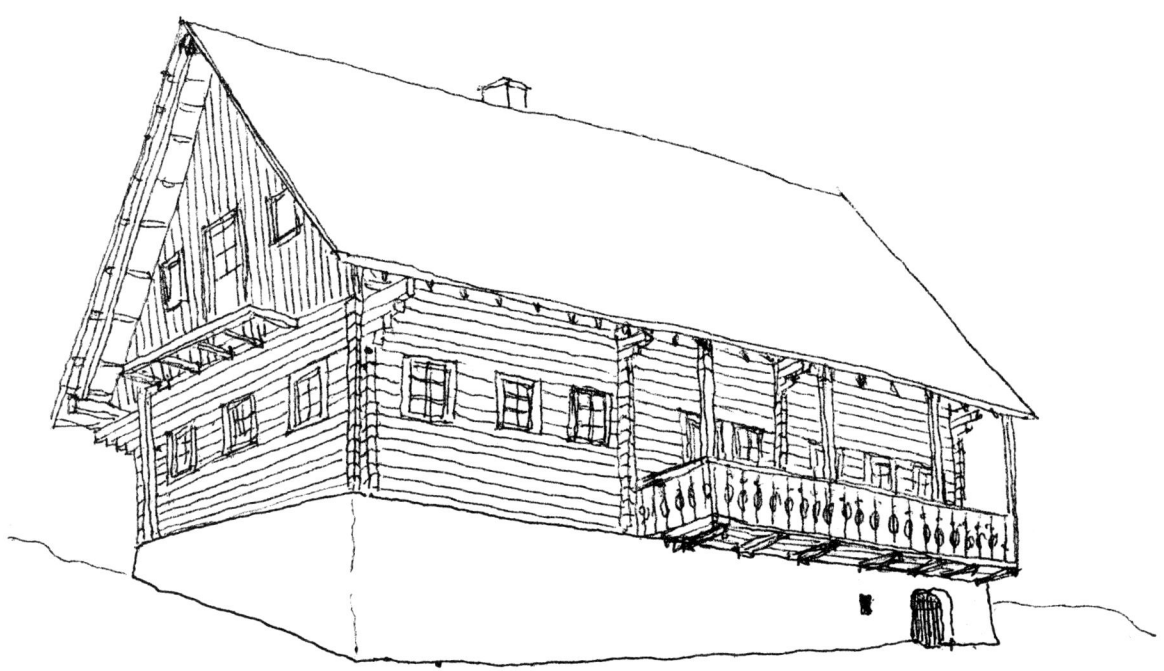

Abb. 146 und 147: Wohnhaus, Wielfresen, weststeirisches Hügelland
In diesem Fall wurde die Erweiterung um einen Schlafraum, dem sogenannten Frankenstüberl, bereits zu einem eigenen bewährten Haustyp, der nun immer wieder anzutreffen ist. Durch das steile Dach (45 bis 50 Grad) konnte eine seitliche Erweiterung nicht, wie z. B. in Osttirol, durch eine Verlängerung (Abschleppen) des Daches erfolgen. Es mußte also ein eigener, quergestellter Dachkörper errichtet werden. Man kann durchaus feststellen, daß im gesamten ländlichen Bauwesen sich erst aus bewährten Erweiterungen neue Hausformen entwickelt haben (siehe Abb. 54).

91

SACHWÖRTERVERZEICHNIS

Die folgenden Stichwörter beziehen sich auf das Bauen und die Bauten im ländlichen Raum Südösterreichs. Eine Eingrenzung dieses Gebietes ist nicht immer möglich, so spielen Begriffe aus Nordtirol und Südtirol genauso hinein wie solche aus Italien, Slowenien und der Steiermark. Viele Begriffe sind in der Mundart wiedergegeben, wie z. B. Labn, Harpfn; andere wieder sind Fachausdrücke, wie z. B. Sparren; dann wieder gibt es Wörter, die erst konstruiert wurden, um Unterschiede zwischen verschiedenen Baumethoden fachlich zu fixieren, eines von ihnen ist der Begriff Norisches Gehöft.

Diesem Verzeichnis liegen folgende Werke zugrunde:

O. MOSER, „Das Bauernhaus und seine landschaftliche und historische Entwicklung in Kärnten", 1972.

E. HUBISCHEK, „Bauernhöfe im südöstlichen Kärnten", 1970.

A. HABERLAND: „Taschenwörterbuch der Volkskunde Österreichs", 1959, zweiter Teil.

R. BEITL, „Wörterbuch der deutschen Volkskunde", Stuttgart 1955.

V. H. PÖTTLER, „Österreichisches Freilichtmuseum", 1972.

H. HOHMANN, „Giebellukn und Stadlgitter", 1975.

E. LUKAS, „Das Umadumhaus", Graz 1979.

A

Ansatzlücke
Teils auch Rauchlukn genannt, die beim Schopfdach unterm First offen gebliebene dreieckige Öffnung, eine Dachform, die in Mittelkärnten besonders typisch war.

Ansdach
In Westkärnten und weiter westlich vorkommende alte Dachkonstruktion, wobei die Pfetten in der Blockwand des Giebelfeldes mit eingezimmert wurden und dort aufliegen.

Asn
Von der Decke der Rauchküche oder Rauchstube hängendes Holzgerüst, auf welches u. a. Brennholz gelegt, aber auch feuchte Kleidung zum Trocknen aufgehängt wurde.

Auszugshaus oder Ausnahm
Getrennt aufgestelltes kleines Wohnhaus, in welches nach Hofübergabe die Altbauern zogen.

B

Bank
Hölzerne Sitzgelegenheit, die zweiseitig übers Eck aufgestellt ist, aber auch als kurze, lehnenlose Bank an den restlichen zwei Tischseiten verwendet wurde. Stühle wurden erst in neuerer Zeit verwendet (siehe Umlaufbank).

Balkendecke
Die anfänglich gegen den Dachstuhl offenen Räume wurden später aus mehreren Gründen (Trennung der Räume, bessere Heizbarkeit, Nutzung des so entstandenen Dachraumes) durch Holzbalken geschlossen. Die Balken wurden aneinandergelegt. Erst später wurde diese Konstruktion weniger schwer ausgebildet, wobei die Balken mit Abstand verlegt und der Zwischenraum mit Pfosten bzw. Brettern geschlossen wurde. War die Spannweite sehr groß, so wurde ein mächtiger Balken (Tram) zur Unterstützung der Decke quer gelegt. Dieser sichtbare Balken wurde häufig mit Schnitzwerk und Jahreszahl versehen.

Backofen
In Kärnten in der Regel innerhalb des Hauses errichtet und ursprünglich mit dem offenen Herd zu einer gemauerten Einheit verbunden.

Badstube
Ähnlich der skandinavischen Sauna war die Badstube ein freistehendes Gebäude und eine sehr alte Einrichtung. Wurde Ende des 18. Jh. aus sittlichen Gründen verboten und teils anderen Zwecken zugeführt, so z. B. als Brechlraum, für Auszügler usw.

Bansen
Lagerraum für Futter und Getreide im Stadl.

Bänderzaun
Ab dem Görtschitztal östlich bis in die Mittelsteiermark in Verwendung.

Beton
Moderner Baustoff aus Schotter, Wasser und Zement, der je nach Qualität Druckbelastungen bis über 450 kg je cm² aufzunehmen imstande ist.
Der Beton muß in eine Form geschüttet werden, wo er dann erhärtet. Er ist besonders für Fundamente und tragende Wände geeignet, sein schlechtes Raumklima läßt ihn für bewohnte Räume, aber auch für Ställe nur unter bestimmten Voraussetzungen empfehlen. Sichtbar bleibender Beton muß in eine saubere Form eingebracht werden, da nachträgliche Ausbesserungen (z. B. eingestemmte Leitungen) sichtbar bleiben und unschön wirken.

Blochstadl
Werden die Stallscheunen des Ringhofes genannt. Sie haben im Obergeschoß eine Bretterverschalung.

Blochstiege
Alte Art der Stiege, wobei grobe, meist in dreieckiger Form behauene Blöcher (Balken) als Stufen dienten. Diese wurden auf zwei in Stiegenrichtung liegenden Balken aufgelegt und mit Holznägeln befestigt.

Blockbau
Alte Form des Holzbaues, die bereits in der Steinzeit nachgewiesen ist. Die Konstruktion besteht aus liegenden Balken, ursprünglich rund belassen, später behauen, die zu einer Wand übereinandergelegt werden. Um dieser Wand Stabilität zu geben, muß diese mit anderen querliegenden Wänden an den Raumecken verbunden werden. Dazu werden die einzelnen Balken ausgeschnitten und ineinander verzahnt. Stehen die Balkenenden über die Wand hinaus, nennt man diese Verbindung „Kopfschrot", sind die Balken ohne Überstand, wird meist die „Schwalbenschwanzverbindung" ausgeführt, da eine einfache „Verblattung" den Halt der Eckverbindung nicht gewährleistet. Kunstvolle Eckverbindungen sind z. B. der „Glockenschrot" oder der „Doppelglockenschrot". Die Dichtung der Fugen zwischen den Balken erfolgt mit Moos, und sie werden im östlichen Gebiet zusätzlich mit Mörtel verfugt. Die Haltbarkeit des Blockbaues in Kärnten ist etwa mit 300 Jahren begrenzt, obwohl es ältere Blockbauten gibt.

Blumentrog

Ursprünglichster Schmuck des Hauses, meist am Gang (= Balkon) oder vorm Fenster. Die wichtigsten Blumen sind Begonien, Fuchsien, Geranien, Hängenelken.

Brechlhütte

Diente zum Dörren des Flachses, manchmal war es nur ein Brechlraum innerhalb des Hauses.

Bretterdach

Anstelle feingliedriger Schindel wurden größere „Bretter" verlegt, die allerdings ursprünglich nicht geschnitten, sondern auch von Hand gekloben wurden. Besonders verbreitet im südlichen Berggebiet der Karawanken, im Nockgebiet und im Liesertal.

Bruchsteinmauerwerk

Künstlich gebrochene Steine, die gegenüber dem Feldmauerwerk den Vorteil einigermaßen ebener Flächen haben.

Bundwerk

Im Gegensatz zum Blockbau ist das Bundwerk eine gerüstartige Holzverbindung meist des Daches, welches giebelseitig durch Steher, Streben, Kopfbänder gestaltet ist.

Buschndach

Bretterdach, wie es häufig im Nockgebiet verwendet wird, wobei geschnittene Bretter bis 2 m Länge in Doppeldeckung, d. h. zwei übereinanderliegend, gelegt wurden.

D

Dach

Siehe Schopfdach (Hirndach), Manteldach, Satteldach.

Dachdeckung oder Dachhaut

Siehe Bretterdach, Legschindeldach, Nagelschindeldach, Spanschindeldach, Ziegeldach, Steinplatteldach.

Dachstuhl

Holzkonstruktion, welche die Dachdeckung trägt. Siehe Ansdach, Rofendach (Rofen), Scherendach.

Dörrhütte

Eigene Hütte zum Trocknen des Obstes, ist mit einem Ofen ausgestattet.

E

Einhof

Alle Räume einer landwirtschaftlichen Betriebseinheit sind unter einem Dach vereint. In Westkärnten und Osttirol sind durch die konstruktiven Möglichkeiten eines großflächigen Flachdaches (30 Grad Neigung) größere Betriebe als Einhof zu sehen. In Unterkärnten dagegen sind durch das steile Dach die Häuser schmalbrüstiger und die Einhöfe nur für kleine Betriebe denkbar.

Eßglocke

Am Dachfirst aufgesetzter kleiner Glockenstuhl, der zur Essenszeit geläutet wird, um die Hausleute auf Feldern und Wiesen zu rufen. Sie ist besonders im nordöstlichen Kärnten häufig anzutreffen.

F

Feldsteinmauerwerk

Aus zumeist natürlich runden Steinen, sogenannten Findlingen, errichtetes Mauerwerk.

Fenster

Bei den Bauernhäusern wurden die Fenster sehr klein gehalten und auf das unbedingt notwendige Ausmaß beschränkt. Dies gibt den dahinterliegenden Räumen das typische Gefühl der Geborgenheit, die uns bei den modernen Gebäuden mit großen Fensterflächen meist fehlt. Die typischen Fenster sind fast quadratisch. Die ersten Fenster – eigentlich Lukn (siehe Lukn) – waren je zur Hälfte aus zwei Balken geschnitten, um die Haltbarkeit des Gebäudes nicht zu gefährden.

Fensterladen

Laden ist ein loses Brett zum Abdecken. Da die Fenster früher klein waren, genügte ein Brett, um es zu schließen. Heute ist der Fensterladen entsprechend breit und aus mehreren Werkstücken zusammengesetzt.

Firstpfette

Waagrechter Balken der Dachkonstruktion. Siehe Pfette.

Firstsäule

Senkrechter Holzsteher zur Unterstützung der Firstpfette.

Flegschindeldach

Bei dieser Dachdeckung werden die einzelnen Schindelscharen abwechselnd in unterschiedlichen Richtungen schräg verlegt. Vorkommen besonders im Lavanttal und der angrenzenden Stubalpe (Steiermark).

Flodermühle

Einfachste Mühle, bei der das Schaufelrad („Floder") horizontal unter dem Baukörper liegt. Sie war in den Tauerntälern, im Nockgebiet und am Oberlauf der Gurk anzutreffen.

Fluder

Holzrinne, gehackt oder gezimmert, die das Wasser zum Mühlrad leitet (vgl. auch Kandln).

Funkenhut

Über dem offenen Herdfeuer befindlicher Baldachin aus Holz oder Stein, um den freien Funkenflug zu verhindern (auch Kogl genannt).

G

Gang

Wird der lange Balkon genannt, der immer vom Dach überdeckt wird.

Gatter

1) Tür oder Tor im Zaunbereich aus einer hölzernen Sprossenkonstruktion. Sprachlich ist Gatter der bewegliche Teil von Gitter. 2) Gatter ist auch eine Mehrblattsäge.

Gaupe

Gaupe oder Gaube ist eine Öffnung in der Dachfläche, die zum Schutz gegen die Witterung verschiedenartig geformt sein kann. Die einfachste Art ist das „Froschmaul".

Gepader

Ist der Dachraum eines Blockstadls. Der Ursprung des Wortes dürfte altslowenisch sein: Petro = Gerüst.

Gesperre

Nennt man die Dachkonstruktion des Sparrendaches. Dieses wird in Dreiecksform so miteinander verbunden, daß es nicht wegrutschen kann: Es ist gesperrt.

Getreidekasten
Oft kunstvoll gezimmertes, manchmal auch gemauertes kleines Bauwerk, das zur Aufbewahrung der Lebensmittelvorräte dient. Aus Feuergründen getrennt vom Haus aufgestellt (siehe Mausbaum).

Glockenschrot
Kunstvolle Eckverbindung im Blockbau mit glockenförmig herausgearbeiteten Holzköpfen, manchmal auch in Doppelglockenform.

Grundschupfen
Nennt man den entlang der gesamten Traufseite eines Blockstadls führenden ebenerdig liegenden Futterbansen.

H

Hag
Einfriedung mit Sträuchern. Dafür besonders geeignete Arten sind Haselsträucher, Hagebutten, Brombeeren, Hollunder, Elsbeere, Vogelbeere. Diese Art der Einfriedung wird bei uns leider bei neuen Einfriedungen viel zuwenig verwendet.

Hakenhof
Winkelförmiger Hof, im Osten Kärntens vereinzelt anzutreffen. Typische Beispiele für die Suche nach günstiger Anordnung der Räume zueinander, da der steile Dachstuhl nur schmale Räume ermöglichte und nur Räume in einer Richtung aneinandergereiht erlaubte.

Halbwalm
Technische Bezeichnung für Schopf- oder Krüppelwalm.

Harfe
Meist frei in den Wiesen stehendes sprossenartiges Holzgerüst zum Trocknen der Mahd. Sehr oft mit einem Dach als Regenschutz versehen (in Westkärnten auch Hilge bzw. Köse genannt).

Harpfn
Bett; der Sprachstamm erklärt noch, daß in einen Rahmen sprossenförmige Stangen eingelegt wurden.

Haufenhof
Hier sind Wohngebäude, ein oder mehrere Ställe, Auszugshaus, Schuppen usw. völlig getrennt und regellos errichtet. Verbreitungsgebiet besonders in Unterkärnten.

Hausbaum
Innerhalb des Hofes stehender Baum, meist Linde, in höheren Lagen auch eine Lärche oder Zirbe. Er hat praktischen und mystischen Ursprung. Diente vor allem als Blitzableiter und als Feuerschutz, wenn er – zwischen den Gebäuden stehend – den Funkenflug hemmte.

Hauslandschaft
Gebiet, in welchem vom Prinzip her gleiche Hofformen vorherrschen. In Kärnten gibt es lt. Prof. Dr. Moser 14 bis 15 unterschiedliche Hofformen, ein Umstand, der die außergewöhnlichen Einflüsse auf so begrenztem Gebiet besonders deutlich macht: Hier trifft alpines Bauen mit jenem des Flachlandes zusammen und wird überlagert durch die Einflüsse dreier Völker – des germanischen, des romanischen und des slawischen.

Herd
Offene Feuerstelle ursprünglich, zum Kochen und Heizen. Der Rauch wurde frei über den Raum (Rauchkuchl) und über Rauchlukn abgeleitet.

Hilge
Bezeichnung der Feldharfe im oberen Möll- und obersten Drautal sowie Teilen Osttirols. Diese einfache Harfe hat noch kein Dach.

Hinterlader
Ofen, der von außen, also meist gangseitig, befeuert wurde, jedoch im Raum stand und diesen wärmte.

Hirndach
Bezeichnung des Schopfdaches im Saualpengebiet.

Hof
Die Gebäudegruppe, die eine landwirtschaftliche Betriebseinheit bildet. Wie das Wort Hof in seiner Doppelbedeutung ausdrückt, ist mit dieser Bezeichnung auch der freie Raum zwischen den Gebäuden und um diese herum mit einbezogen. In Kärnten gibt es 14 verschiedene Arten des Hofes, wobei die Anordnung der Gebäude (Wohnung, Stall, Scheune, Speicher, Schuppen usw.) zueinander als Unterscheidungsmerkmal dient, aber auch die Dachform ist ein solches Merkmal.
Siehe Einhof, Paarhof, Ringhof, norisches Gehöft, Haufenhof.

Hofnamen
Unabhängig vom Familiennamen hat der Hof meist einen eigenen, der sich häufig auf die Landschaft bezieht: z. B. Leithner, Brandner, Doppelspichler.

K

Kachelofen
Aus gebrannten Kacheln errichteter Ofen, der eine verbesserte Wärmespeicherung aufweist. Im 16. Jahrhundert scheint er in Kärnten Allgemeingut geworden zu sein.

Kachelstube
Die mit einem Kachelofen ausgestattete Stube, der schönste Raum des Hauses, wenn auch nicht der am meisten benützte.

Kandeln
Hölzerne Rinnen, die im oberen Lesachtal, besonders aber in Ost- und Südtirol dazu dienen, Wasser über oft weite Strecken zur Hausmühle zu bringen. Die Rinnen werden aufgebockt geführt, also frei über dem Boden.

Kematen
Kammer, Vorratskammer, auch Zeugkammer.

Keuschn
Kleines ärmliches landwirtschaftliches Gebäude (auch Gebäudegruppe).

Kerbschnitzerei
Holzteile, sehr oft der Deckenbalken (Tram), wurden durch V-förmiges Einschneiden mit Mustern versehen und so geschmückt.

Köse
Bezeichnung der Feldharfe im Gailtal und Lesachtal. Aus Krain stammt auch die Dopelharfe, wo zwei Harfen ein gemeinsames Dach erhalten und so dem Erntewagen Schutz bei Gewitter bieten. Diese Form ist im Gailtal als „Krainer Köse" zu sehen.

Kogl
Wird in manchen Teilen Kärntens der Funkenhut überm Herd genannt.

Kopfschrot

Einfachste Eckverbindung im Blockbau, wobei die einzelnen Balken über die Ecke hinausragen, also einen „Kopf" haben.

Krüppelwalm

Technische, aber unschöne Bezeichnung des Schopf- oder Halbwalmdaches.

L

Labn

Vorhaus, d. h. ursprünglich der Bereich, der unmittelbar vor den Räumen liegt, teils offen, teils geschlossen und unter einem Dach. Das Wort „Labn" stammt von „Laube" und weiters von „Laub" ab. Die Labn gibt es als Längslabn in Südostkärnten wie als Querlabn im übrigen Kärnten. Sie ist entwicklungsgeschichtlich sehr alt und als Querlabn bereits im ältest datierten Haus in Treßdorf Nr. 1 im Gailtal um 1413 vorhanden (lt. Prof. Dr. Moser).
Die Labn wurde im Laufe der Zeit teilweise oder ganz geschlossen und diente den verschiedensten Zwecken, als Arbeitsplatz, Abstellplatz, als Rauchabzug oder als kühler Eßplatz im Sommer.

Laden

Bewegliches oder zumindest nicht selbst mittragendes Brett, wie wir es in den Worten Fensterladen oder Mausladen (siehe Mausladen) noch vorfinden.

Längslaubenhaus

Ursprünglichstes Haus Unterkärntens, wobei im Wohnbereich die Räume aneinandergereiht sind und durch ein vorgezogenes Schutzdach über den Eingangstüren die Urform der Laube (Labn) entsteht. Die Labn wurde oft zum Teil oder ganz geschlossen, manchmal wurden Schweinekoben und Hühnerstall eingebaut.

Längstenne

Hier liegt die Haupteinfahrt in die Tenne der Schmalseite des Stadls, also an der Giebelseite. Hauptverbreitungsgebiet in Mittel- und Westkärnten sowie in Osttirol.

Läufer

Ist der über dem liegenden Mühlstein (Lieger) laufende Mühlstein, der das Getreide zermahlt.

Legschindeldach

Ist das alpine Flachdach und selbst im westlichen Kärnten nur noch selten anzutreffen. Die schweren, klobigen Schindel werden frei aufgelegt. In Osttirol noch verbreitet.

Lieger

Ist der untere Stein eines „Mühlganges", auf dem mittels des darüberlaufenden Mühlsteines (Läufer) das Getreide zermahlen wird.

Lukn

Öffnung in der Wand oder im Dach. Luckn – lugn – schauen ist die Wortverwandtschaft.

M

Malte

Mörtel, das ist Wandverputz aus dem Italienischen und macht deutlich, daß die meisten Maurer aus dem Süden zugezogen waren.

Manteldach

Treffendste Bezeichnung für das Walmdach, das Umhüllende des vierseitigen Daches wird besonders deutlich.

Mauerbank

Ist die auf der Mauer aufliegende Pfette (Balken) als Auflager des Dachstuhles.

Mausbaum oder Mausladen

Beim Getreidekasten umlaufendes und nach unten vorstehendes Holz oder Brett, welches den Mäusen den Zugang zum Obergeschoß verwehrt.

Mehrseiter

Hof, der dreiseitig vom Wohn- und Wirtschaftsteil umschlossen wurde. Er ist im Osten Kärntens vereinzelt anzutreffen. Siehe auch Hakenhof.

Moarhof

In Oberkärnten Bezeichnung für Scheune, also das „Futterhaus".

Mischmauerwerk

Aus Steinen und Ziegeln gemischtes Mauerwerk.

Mühle

Siehe Flodermühle bzw. Radmühle.

N

Nagelschindeldach

Dünn gespaltene Schindeln, die mit Holznägeln befestigt wurden; wesentlich leichter als das Legschindeldach.

Norisches Gehöft

Bezeichnung eines Hoftyps durch Oskar Moser, wobei Wirtschafts- und Wohngebäude um einen kleinen Hof angeordnet sind, manchmal ist der Hof auch völlig verschwunden. Verbreitungsgebiet im nordöstlichen Kärnten und in Teilen der angrenzenden Steiermark.

O

Ofen

Gemauerte, geschlossene Feuerstelle. Je nach ihrer Befeuerung als Vorderlader oder Hinterlader bezeichnet. Häufig mit dem offenen Herd zusammengebaut. Später verfeinert und als Kachelofen gestaltet.

P

Paarhof

Wohn- und Wirtschaftsgebäude stehen getrennt nebeneinander, kleine untergeordnete Hütten können noch daneben stehen. Dieser Grundtyp ist im gesamten Kärnten vertreten, ebenso in Osttirol.

Pfette

Waagrechte Balken innerhalb der Konstruktion des Pfettendaches, je nach der Lage gibt es First-, Mittel- oder Fußpfetten. Auf diese wurden die Rofn aufgelegt.

Pirl

Im Obergeschoß des Blockstadls außen rundumlaufender und mit Brettern verschalter Trockengang.

Pultdach

Besteht aus einer einzigen Dachfläche und ist daher nur in einer Richtung geneigt.

Q

Quertenne
Die Haupteinfahrt in die Tenne ist an der Längsseite des Stadls, also quer zur Stadlrichtung. Sie ist hauptsächlich in Ostkärnten anzutreffen.

R

Radmühle
Mit stehendem Mühlrad. Benötigte wesentlich weniger Wasser. Ihr Verbreitungsgebiet war in den südlichen Landesteilen und in Unterkärnten, nicht zuletzt auch wegen geringerer Wasserspende im Kalkalpenbereich der Karawanken und der Gailtaler Alpen.

Rauchkuchl
Auch schwarze Kuchl genannt, ist die Küche mit offenem Herdfeuer. Sie wurde nicht als Wohnraum verwendet und war hauptsächlich in den Häusern des Gail- und Lesachtales anzutreffen.

Rauchlukn
Verschließbare Öffnung in der Rauchstube oder Rauchkuchl, um den Rauch abziehen lassen zu können. Sie befand sich häufig über der Tür, so daß der Rauch über die Labn (Vorhaus) in den Dachraum und von dort erst ins Freie zog. Sie ist bzw. war auch oberhalb der Fenster, also an der Außenwand, zu finden.

Rauchschlot
Wurde verhältnismäßig spät, oft sogar erst im 20. Jh., in den Kärntner Bauernhäusern errichtet. Viele wurden nachträglich ein- oder angebaut, manche wurden sogar in Holz ausgeführt.

Rauchstube
War in den meisten Bauernhäusern anzutreffen und war der dominierende Hauptraum des Hauses. Hier wurde gekocht, gegessen und teilweise auch geschlafen. Der offene Herd und der geschlossene Ofen waren ein gemauerter Körper, der die eine Ecke der Rauchstube prägte. In der anderen, meist diagonal gegenüberliegenden Ecke war der Tisch aufgestellt, hier befand sich auch die auf zwei Wandseiten ums Eck geführte Umlaufbank. Der Raum war immer annähernd, aber nie genau quadratisch (häufig etwa $5 \times 5\frac{1}{2}$ m bis $5\frac{1}{2} \times 6$ m) und hatte zwei Außenwände mit häufig je drei kleinen Fenstern. Für den Rauchabzug gab es zusätzlich im oberen Bereich der Wand Rauchlukn über der Tür in die kühle Labn oder ins Freie.

Rautenzaun
Im Norden Kärntens verwendeter Zaun ohne Ringe, also nur aus Steckn und Rauten.

Ringhof
Wohn- und Wirtschaftsgebäude stehen getrennt, wobei letzteres vierseitig, fast geschlossen um einen Hof gebaut wurde. Typischer Grundriß im Nockgebiet.

Ringzaun
Verwendungsbereich in Oberkärnten bis in den Süden Kärntens.

Rofendach
Alte Form des Pfettendaches, wobei an der Firstpfette die Rofnhölzer mit dem Wurzelende nach oben aufgehängt wurden. Rofn wurden sowohl beim Ansdach als auch beim Sperrhaxndach verwendet.

S

Satteldach
Zweiseitig geneigtes Dach mit First und zwei parallelen Traufen, sowohl beim flachen Dach Westkärntens bzw. Osttirols als auch bei dem steilen Sperrhaxndach im Osten des Landes in Verwendung sowie in Teilen der angrenzenden Steiermark.

Scherenpfettendach oder Sperrhaxndach
Urtümliche Form des Dachstuhles, welches besonders in Ostkärnten verbreitet war. Es ist konstruktiv eine Kombination des Schersparrendaches mit einem Pfettendach, wobei im oberen Überstand der Sparrenbalken eine Firstpfette und in den beiden Überständen der Querspange je eine Mittelpfette aufgelegt wurden. Auf den Pfetten wurden sogenannte Rofenhölzer in der Richtung vom First zur Traufe hin aufgelegt.

Schersparrendach
Ist die in Kärnten gebräuchlichste Abart des Sparrendaches, wobei die beiden schrägen Balken (Sparren) auf einer Mauerbank aufgeklaut werden und mittels einer auf etwa halber Dachraumhöhe (und nicht wie beim Sparrendach unten liegend) befindlichen Querspange steif verbunden werden.

Schneestuhl
Um dem Schneedruck besser standhalten zu können, wurde der Dachstuhl mit zusätzlichen Ständern und Rahmen verstärkt.

Schindeln
Dachdeckungsmaterial, meist aus Lärchenholz gekloben oder gesägt, wobei das händisch in Faserrichtung geklobene Material dauerhafter war als das gesägte, welches doch manche Fasern vom Schnitt her zerstörte. Diese Dacheindeckung war beim alpinen Flachdach üblich, das steilere Dach Mittel- und Ostkärntens war ursprünglich jedoch ein Strohdach. Die Haltbarkeit der Schindeldächer ist etwa 40 bis 50 Jahre. Siehe Legschindeldach, Nagelschindeldach, Flegschindeldach, aber auch Bretterdach.

Schopfdach
Typische Dachform Mittel- und Unterkärntens. Sie entstand aus dem Strohdach, wo am obersten Spitz des Giebels, um die dreieckige Spitze zu schließen, diese mit einem Strohschopf geschlossen wurde. Daraus entwickelte sich das eigentliche Schopf- oder Halbwalmdach.

Schrankzaun
Aus kurzen Spelten – also aus Spaltholz errichteter Zaun im Bereich des oberen Mölltales.

Schwalbenschwanzverzinkung
Gebräuchlichste Eckverbindung im Blockbau, wobei durch eine schräge, sogenannte schwalbenschwanzförmig geschnittene Verzahnung die Eckverbindung auch ohne Nagelung hält.

Schwarze Kuchl
Siehe Rauchkuchl.

Spanschindeldach
Besonders feingliedrige Schindeldeckung in doppelter Lage, wobei die Schindeln spanartig bzw. fächerähnlich dünn und schmal sind. Die untere Lage heißt Unterfutter, wodurch eine besonders lange Haltbarkeit erzielt wird (40 Jahre). Das Verbreitungsgebiet ist Unterkärnten. Eine besonders schöne Abart ist das Flegschindeldach, wobei die Schindeln wechselnd je Schar schräg verlegt werden.

Sparrendach

Später entwickelter Dachstuhl, der wesentlich holzsparender ist, sich aber im Bauernhaus Kärntens kaum durchgesetzt hat. In der Konstruktion werden die beiden schrägen Balken (Sparren) mittels eines unten liegenden horizontalen Balkens (einfacher oder doppelter Zunge) an den drei Eckpunkten starr miteinander verbunden.

Verwandt damit und in Kärnten gebräuchlich ist das Schersparrendach.

Speltenzaun

Aus Spaltholz (Spelten) errichteter Zaun, im Karawankengebiet vorkommend.

Spitzzaun

Wird meist für die kleinen Bauerngärten verwendet, da die enge Anordnung senkrechter, oben zugespitzter runder Hölzer, Latten oder Bretter einen wirksamen Schutz gegen Kleinvieh wie Hühner, Ferkel usw. bietet.

Stadl

Stall–Scheune, wobei der meist gemauerte Stall ebenerdig liegt, die Scheune im darüberliegenden Geschoß ist über die Tennbrücke befahrbar.

Stadlgitter

Lüftungsgitter aus Ziegeln, die an den Stadlaußenwänden besonders in den Niederungen Kärntens, aber auch der Steiermark zu sehen sind. Diese Art ist erst seit etwa 150 Jahren bei uns üblich und sehr oft kunstvoll gestaltet.

Stahlbeton

Fälschlich auch Eisenbeton genannt. Es ist eine Weiterentwicklung des Betons, wobei sein Vorteil – nämlich die hohe Druckfestigkeit – ergänzt wird durch die Eigenschaft des verwendeten Stahles, hohe Zugkräfte aufnehmen zu können, was besonders bei Stahlbetonbalken oder -decken in Frage kommt, da sich diese bei Belastung durchbiegen, wodurch die Unterseite gedehnt – also auf Zug beansprucht –, während die Oberseite gedrückt wird. Daher ist es technisch wichtig, den Stahl in diesem Falle in den unteren Bereich zu legen.

Stampfe

War mit einem Wasserrad angetrieben und diente zur Erzeugung von Stampfgetreide (Hafer, Gerste, Hirse, Brein) oder zur Zerkleinerung von Ölfrüchten.

Stangenzaun

Im Mölltal und in den Nordtälern verbreiteter Zaun.

Steckn

Naturbelassenes, rundes Holzstück. Im Wort Zaunsteckn wird deutlich, daß man diesen ins Erdreich rammte.

Steinplatteldach

Wurde aus Kostengründen nur bei Kirchen verwendet, wobei die Türkeneinfälle und ihre Brandschatzungen die Hauptursache waren. Diese Art konnte nur sehr steil (45 Grad und darüber) verlegt werden.

Strohdach

Ursprüngliches, in Kärnten und Steiermark praktisch ausgestorbenes Dach. Die Haltbarkeit wird mit 40 bis 50 Jahren angesehen.

Stuhl

Der Stuhl aus Holz wurde im Kärntner Bauernhaus erst relativ spät, nämlich im vorigen Jahrhundert, üblich. Noch bis vor wenigen Jahrzehnten wurde an seiner Stelle die freistehende Bank verwendet.

T

Tennbrücke

Ist die Einfahrt in die im Obergeschoß überm Stall gelegene Tenne, wobei meist der Geländehang so ausgenützt wurde, daß diese Brücke nicht zu steil wurde. Häufig wurde sie mit einem Dach versehen, um den Erntewagen bei Gewitter schnell im Trockenen zu haben.

Tisch

Der Tisch, aus Holz hergestellt, war neben dem Herd das wichtigste Element der Stube. Seine annähernd quadratische Form strahlt Ruhe aus. Die Tischfüße waren am unteren Ende durch Querhölzer, sogenannte Tritte, verbunden, dadurch war auch die Bank höher, und am Tisch konnte sitzend und stehend gearbeitet werden.

Tradkasten

Siehe Getreidekasten = Speicher = Kasten.

Trambaum

Mächtiger Balken, der u. a. oft in der Rauchstube, später in der Kochstube die Decke halbierte, um für die Querbalken kürzere Spannweiten zu erhalten. Der Trambaum wurde sehr oft mit Kerbschnitzerei geschmückt und mit der Jahreszahl der Errichtung versehen.

Tramrose

Ist eine am Trambaum durch Zirkelschlag und Kerbschnitzerei hergestellte runde Verzierung.

Traufe

Untere Begrenzungslinie des Daches, manchmal mit einer Dachrinne – ursprünglich aus Holz – versehen.

Triebling

Kleines hölzernes Sprossenrad bei der Mühle, welches die Bewegung der waagrechten Radachse auf die senkrechte Mahlachse überträgt.

Trischpl

Balken im Türbereich, über den man steigen mußte. Dieser Balken war notwendig, um dem Holzhaus die Stabilität zu geben.

U

Überblatten

Eckverbindung im Blockbau mit gerade geschnittenen oder gehauenen Flächen. Um dieser Verbindung Halt zu geben, mußten die Balken über die Ecken hinausragen (Kopfschrot).

Umadumhaus

Bezeichnung des norischen Gehöftes (nach O. Moser) durch die Hausforscherin E. Lukas.

Umlaufbank

In der Stube oder Kuchl an zwei Wänden über Eck durchgehende Sitzbänke. Im Eckbereich befindet sich der Tisch.

Umlaufstall

Auch Umadumstall genannt, war eine alte Stallform Mittel- und Westkärntens. Hier konnte sich das Vieh (meist zwei Rinder) in einzelnen Stallzellen frei bewegen, wobei der Mist liegen blieb, daher ausreichend gestreut werden mußte, bis dieser Dauermist gestochen werden konnte. Das Futter wurde vom Obergeschoß durch Öffnungen in den Futterkasten geworfen.

V

Vorderlader

Ofentyp, der von vorne, also von der Ofenstube aus, beheizt wird.

W

Wand

Senkrechte Begrenzungsfläche eines Raumes. Sprachgeschichtlich kommt das Wort von ,,Winden'', d. h. die Wand wurde aus Zweigen gewunden, auch mit Lehm verschmiert.

Walm

Technische Bezeichnung eines nach vier Seiten geneigten Daches.

Diese Dachform wird vor allem in Ostkärnten verwendet und dort auch als Manteldach bezeichnet.

Z

Zaun

Einfriedung. Siehe Ringzaun, Bänderzaun, Schrankzaun, Rautenzaun, Stangenzaun und Spitzzaun.

Ziegeldach

Hartdeckung, bei uns seit der Römerzeit nachweisbar, jedoch erst seit dem 14. Jh. in Gebieten mit gutem Tonvorkommen heimisch (Transportabhängigkeit). Besonders häufig sind die Biberschwanzziegel, die unten abgerundet sind, und die Plattenziegel. Sie konnten nur auf steilen Dächern (40 Grad und steiler) verlegt werden, was das Fehlen dieser Art in Westkärnten erklärt.

Back to the Farm-House!

Peasant architecture in the Southern Alps of Austria

The present book gives a survey of peasant architecture in Austria in the region south of the Alpine chain which covers the provinces of East Tyrol, Carinthia, and the western part of Styria. On a relatively small area, which is only half that of Wales or even only 3 p.c. that of California, the most diversified types of farmsteads have developed over thousands of years; this diversification is due to the various landscapes ranging from high mountains to the sloping vineyards of Styria and frequently is so marked that farmsteads differ even between one valley and the other. Up to 18 different forms of farmsteads have been determined for the said region, that is a variety which is unique in the world.

But it is not only the landscape that had an influence on the development of farmsteads but also the fact that the region in question is the only place where Germanic, Romance and Slavic cultures coincided and mixed with each other. The resulting influences on farm buildings are obvious.

While in the west high-growing spruce trees allowed large wooden houses to be built, in the east deciduous forests were prevailing which did not deliver so long and straight logs so that the farm buildings erected necessarily were narrower.

Likewise, in the east the thatched roof was prevailing. The roof had to be high-pitched, i.e. about 45–50 degrees, to allow the rainwater to drain. In the west, on the other hand, where straw and reeds were not so abundant, the roofs had to be covered with wooden shingles that were simply placed one above another and sometimes were weighted with stones. For this reason these shingle roofs had a pitch of only 30 degrees. This provided the additional advantage that the snow settling on the roof formed an excellent heat insulation.

The first farm-houses were comprised of one room only which was constructed of horizontally arranged logs of approximately the same length and therefore were square in cross-section. In the middle of this rooms was the fire pit. Subsequently further rooms and premises, mostly for the keeping of livestock, were added, which resulted in the most varied shapes and types of farmsteads. Thus e.g. there are farm buildings which include living rooms, stables, and barns under one common roof, while others have separate buildings for these purposes. Towards the east, where only narrow houses could be built, farmsteads comprising four or even five individual buildings are nothing out of the ordinary. A curiosity of its own are the „Troadkastn", small detached buildings where valuable storable goods were stored to be protected above all against fire.

In the Alpine region we repeatedly find farm buildings that were enlarged up to five or six times until the final dimension had been reached. If such an enlargement proved successful it sometimes served as a model for a new type of farmstead that became then characteristic for a certain valley or even beyond the borders of this valley. As those annexes were carried out by using the then common materials wood and stone, they quite automatically formed an integrated whole with the original building.

The main living room, the "Stubn", was a wood construction of square section. Likewise the table was square same as were the small windows that frequently were set at certain points of the wall just as required for proper lighting or for providing a controlling view.

The most amazing thing about that peasant architecture is the stillness that radiates from those proportions. Resurveys carried out by the author proved that the classical golden section had not been applied. It is not the precise square shape but only an approximative one that is constantly encountered.

In modern times there is much to be learned from traditional building techniques. Not only the atmosphere of peacefulness that is in complete opposition to our hectic life; but it has already been recognized by medical science that ancient buildings frequently were much healthier ones than could normally be achieved by modern building techniques.

Il ritorno alla casa rustica

L'architettura rustica nelle Alpi meridionali dell'Austria

Questo libro ci da un'idea dell'architettura rustica a sud della parte centrale delle Alpi, includendo il Tirolo orientale, la Carinzia e la Stiria occidentale. In un territorio grande come la metà di Wales o un terzo della California, che giunge dall'alta montagna fino alla regione viticola della Stiria, si sono sviluppati nel corso dei secoli – a causa del paesaggio tanto vario – numerosi tipi di case rustiche. In totale si contano 18 forme diverse, una varietà unica al mondo.

Inoltre, questa zona è l'unico posto dove si incontravano e influenzavano reciprocamente le culture germaniche, romaniche e slave. I risultati si fanno notare anche sul campo dell'architettura.

Mentre all'ovest gli abeti rossi tanto alti permettevano grandi costruzioni in legno, all'est la foresta di latifoglie non offriva una qualità adeguata di legname da costruzione; per questo motivo si dovevano costruire edifici molto più piccoli.

All'est il tetto di paglia predominava; doveva essere ripido (da 45 a 50 gradi) per far scorrere giù la pioggia.

Contrariamente a ciò all'ovest non c'era abbastanza paglia e il tetto doveva essere coperto di scandole di legno che non venivano inchiodate. Talvolta si mettevano dei sassi sulle scandole per evitare che scivolassero giù. Per lo stesso motivo i tetti erano piuttosto piatti (30 gradi). D'inverno la neve restava sul tetto rappresentando un'isolazione termica supplementare.

All'inizio la casa consisteva di una stanza sola, costruita con tronchi d'albero di uguale lunghezza messi orizzontalmente l'uno sopra l'altro, formando un quadrato. Nel centro dell'abitazione c'era la cavità per il fuoco. Più tardi ci venivano aggiunti altri vani, generalmente per il bestiame, e a poco a poco si formavano i diversi tipi di case rustiche. In alcuni casi la casa d'abitazione, il fienile e la stalla sono uniti sotto un unico tetto. In altri casi si tratta di edifici separati. Verso l'est, dove le case sono molto più piccole, poderi con 4 o 5 edifici separati non sono una rarità. Una caratteristica della zona alpina è il cosidetto »Troadkastn«, cioè una specie di piccolo granaio stando in disparte nel quale – soprattutto per la paura del fuoco – si conservava il prezioso frumento.

Si può osservare sempre di nuovo, che edifici già esistenti dovevano essere ingranditi, talvolta persino 5 o 6 volte. Se l'ingrandimento dava buoni risultati, si poteva svilupparne un nuovo tipo di case rustiche caratteristico per un'intera valle o per un territorio ancora più vasto. Poichè si usavano i soliti materiali da costruzione, cioè legno e sassi, anche per l'ingrandimento, l'edificio principale e la parte annessa formavano un'unità.

La parte principale dell'abitazione, la cosidetta »Stubn«, è stata costruita in legno in forma quadrata. La tavola era ugualmente quadrata, come lo erano le piccole finestre sistemate nel muro non soltanto per necessità di luce, ma anche per permettere il controllo dei dintorni.

Sempre di nuovo ci sorprendono la pace e la tranquillità che emanano da queste proporzioni ancora oggi. Secondo le verifiche dell'autore non è stata applicata l'antica »sezione aurea«. E quando si parla di un quadrato, non si tratta precisamente della figura geometrica, ma soltanto di una forma approssimativamente quadrata.

Oggigiorno possiamo imparare molto dall'architettura tradizionale. Non è soltanto l'atmosfera di pace e tranquillità che forma un contrasto enorme con la nostra vita agitata; i medici si sono anche accorti che – in quanto alla salute – il metodo di costruzione di allora è preferibile a quello moderno.

101

Illustrazioni

LITERATURHINWEISE

Dr. med. Hubert PALM, „Die Hauskrankheiten des Menschen", Vortrag 15. Juni 1983 im Österr. Ingenieur- und Architektenverein Wien.

Viktor E. FRANKL, „Das Leiden am sinnlosen Leben", 1977.

Erika HUBATSCHEK, „Bauernhöfe im südöstlichen Kärnten", 1970.

Viktor H. PÖTTLER, „Österr. Freilichtmuseum", 1972.

Hasso HOHMANN, „Giebellukn und Stadlgitter", 1975.

Oskar MOSER, „Das Bauernhaus und seine landschaftliche und historische Entwicklung in Kärnten", 1974.

„Technopress Baumagazin" 4/1980.

E. LUKAS „Das Umadumhaus", 1979

Kristian SOTRIFFER „Haus und Landschaft zwischen Alpen und Adria", 1978

Hans KREBITZ „Die Türme reden", 1974

Torsten GEBHARD, „Alte Bauernhäuser", 1977

INHALT

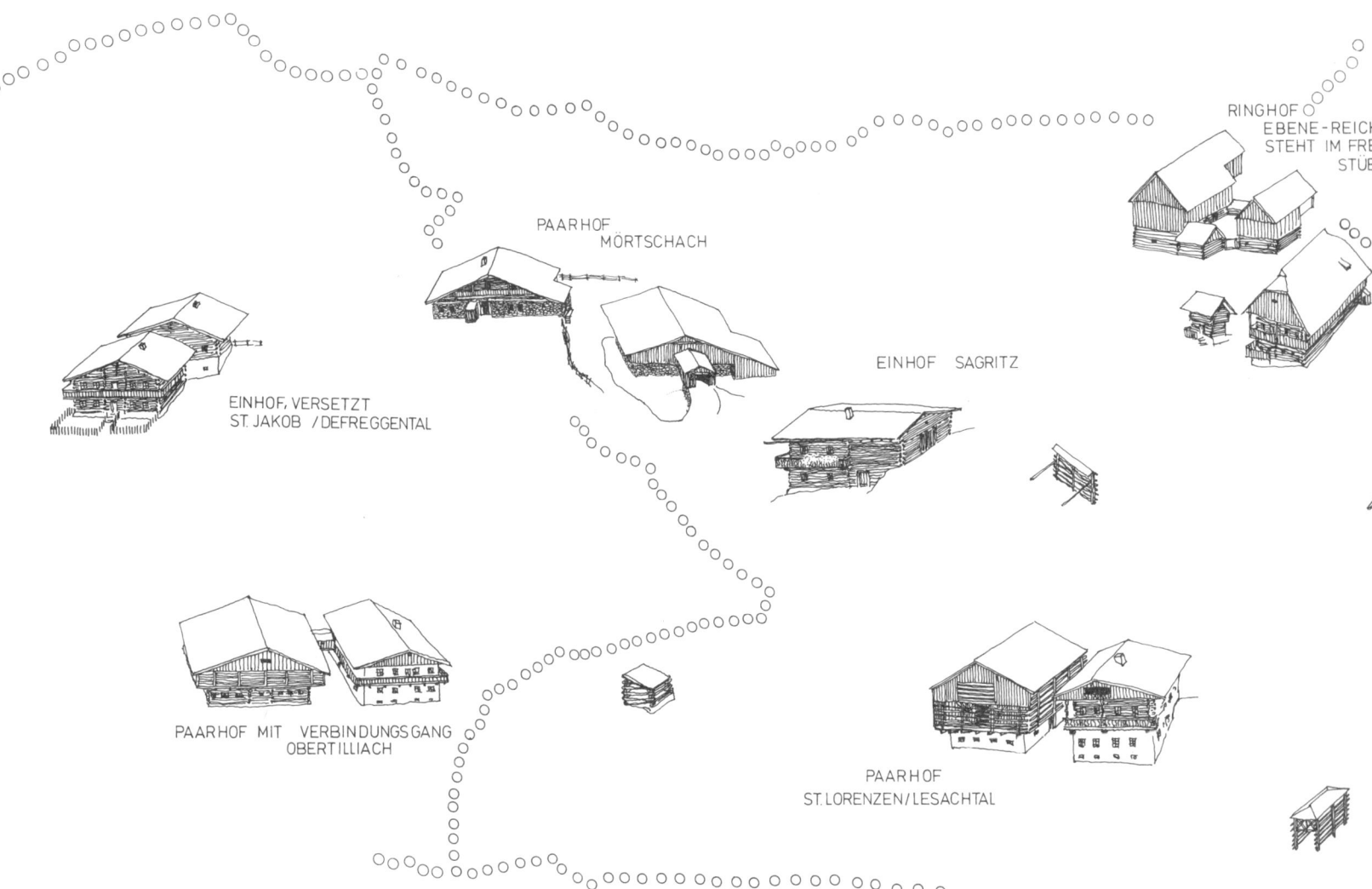

RINGHOF
EBENE-REICH
STEHT IM FRE
STÜB

PAARHOF
MÖRTSCHACH

EINHOF SAGRITZ

EINHOF, VERSETZT
ST. JAKOB / DEFREGGENTAL

PAARHOF MIT VERBINDUNGSGANG
OBERTILLIACH

PAARHOF
ST. LORENZEN / LESACHTAL